RITA ELISA SÊDA

(Organizadora)

DEVOCIONÁRIO DE

NOSSA SENHORA
DAS *Lágrimas*

EDITORA
SANTUÁRIO

Direção editorial:	Pe. Fábio Evaristo R. Silva, C.Ss.R.
Conselho editorial:	Cláudio Anselmo Santos Silva, C.Ss.R.
	Edvaldo Manoel Araújo, C.Ss.R.
	Ferdinando Mancilio, C.Ss.R.
	Gilberto Paiva, C.Ss.R.
	Marco Lucas Tomaz, C.Ss.R.
	Victor Hugo Lapenta, C.Ss.R.
Coordenação editorial:	Ana Lúcia de Castro Leite
Copidesque:	Sofia Machado
Diagramação:	Mauricio Pereira
Capa:	Felipe Marcondes

Dados Internacionais de Catalogação na Publicação (CIP) de acordo com ISBD

S447s	Sêda, Rita Elisa
	Devocionário de Nossa Senhora das Lágrimas / Rita Elisa Sêda. - Aparecida : Editora Santuário, 2021.
	128 p. ; 12cm x 18cm.
	ISBN: 978-65-5527-136-2
	1. Religião. 2. Cristianismo. 3. Devoção. 4. Espiritualidade. I. Título.
2021-3576	CDD 240 CDU 24

Elaborado por Odilio Hilario Moreira Junior - CRB-8/9949

Índice para catálogo sistemático:
1. Religião : Cristianismo 240
2. Religião : Cristianismo 24

7ª impressão

Rua Pe. Claro Monteiro, 342 – 12570-045 – Aparecida-SP
Tel.: 12 3104-2000 – Televendas: 0800 - 0 16 00 04
www.editorasantuario.com.br
vendas@editorasantuario.com.br

APRESENTAÇÃO

Este livro contém mensagens de Jesus e de Nossa Senhora das Lágrimas, reveladas por intermédio da missionária irmã Amália de Jesus Flagelado, e, também, orações compostas pela missionária; elas foram publicadas em jornais, revistas, livros, escritas em cartas e cadernos, na década de 1930. Os textos foram transcritos para o português atual de acordo com a nova ortografia, sem modificar os sentidos das palavras e sem cortes, por meio do texto na íntegra, como foi escrito na época.

Dom Francisco de Campos Barreto, bispo da diocese de Campinas, escreveu, em 1934, que a dor e o amor de Maria são grandes realidades e que, por isso, todos os homens devem bendizer às lágrimas d'Aquela a quem, melhor que todas as criaturas, coube o maior elogio, que uma vez saiu da boca de Jesus: *Mais bem-aventurado é quem ouve, guarda e pratica a Palavra de Deus.* Dom Barreto acrescentou: "Eis por que, com toda a razão, somos obrigados a reconhecer mais esse título glorioso: *Nossa Senhora das Lágrimas*, com que honramos a criatura mais perfeita e mais santa, que saiu das mãos de Deus".[1]

Estas orações e mensagens são destinadas a todos os fiéis que recorrem às Lágrimas Santas de Nossa Senhora, para que seus pedidos sejam atendidos pela Santíssima Trindade. Especialmente, os casos mais desesperados. Afinal, Jesus disse

---

[1] Dom Francisco de Campos Barreto. In: Prefácio do livro *Glórias e Poder de N. Senhora das Lágrimas*, p. 8.

que tudo atende quando pedido pelas Lágrimas de Sua Mãe Santíssima.

Dom Francisco de Campos Barreto deixou registrado em uma Circular, em novembro de 1928, que a vida de Irmã Amália fora extraordinária, e que, mais tarde, seria bem estudada à luz da ciência e de acordo com as normas da Santa Igreja, se for da vontade de Deus, e houver milagres, ela será canonizada. Oremos pela beatificação e canonização da irmã Amália Aguirre Queija. Ao conseguir uma graça ou um milagre envie para o contato: n.senhora.lagrimas@gmail.com

Rita Elisa Sêda

CRONOLOGIA BIOGRÁFICA DA
IRMÃ AMÁLIA AGUIRRE QUEIJA[1]

22 de julho de 1901: Nascimento de Amália Aguirre Queija, em Riós, Galícia, Espanha. Filha de Andrés Aguirre e Emerita Queija.

28 de julho de 1901: Batizado de Amália na Igreja Santa Maria, Riós.

1911: Amália recebeu sua Primeira Comunhão e Crisma, na Igreja Santa Maria. Foi a primeira manifestação mística de Jesus na vida dela.

1915: O casal Andrés e Emerita, com os filhos pequenos, mudaram-se para o Brasil. Amália ficou em Riós, fazendo companhia para sua avó paterna.

---

[1] Essa cronologia é o resultado da pesquisa feita pela organizadora deste devocionário. Consta na íntegra no livro biográfico *Irmã Amália, Estigmas, Êxtases, Mensagens & a Devoção a Nossa Senhora das Lágrimas*.

1916: Aos quinze anos de idade, Amália teve a segunda visita de Jesus, que vinha confirmar o primeiro convite para ela se consagrar a Ele.

1918-1919: A jovem Amália conviveu com as agruras da pandemia *Influenza*.

Junho de 1919: A avó de Amália já havia falecido e Amália viajou para o Brasil, para juntar-se a seus pais e irmãos.

1927: Falecimento de Andrés Aguirre. Amália associa-se a um grupo de jovens para formar uma comunidade missionária, lideradas por Maria Villac.

20 de abril de 1928: Seis postulantes mais Amália Aguirre Queija e Maria Villac iniciaram vida comunitária na Casa Mãe. O nome escolhido foi Instituto Missionárias de Jesus Crucificado.

11 de maio de 1928: Tomada de hábito e mudança de nome das oito primeiras missionárias. Maria Villac liderou como madre superiora.

21 de agosto de 1928: Primeira manifestação externa do estigma foi sobre o peito esquerdo de Amália, depois da comunhão, na capela do Instituto. Nos dias seguintes, apareceram os estigmas da crucificação, nas mãos, nos pés, joelhos e na coxa direita; também o sangue na cabeça em forma de coroa.

30 de agosto de 1928: Início das manifestações dos êxtases públicos, com mensagens direcionadas para as missionárias e para os fiéis.

Setembro de 1928: Amália teve premonições e foi o começo das anotações das mensagens.

19 de novembro de 1928: Estudos médicos para verificação da autenticidade dos fenômenos místicos em Amália.

Novembro e dezembro de 1928: Amália foi exposta pela mídia. O inimigo atacou Amália de diversas formas.

22 de novembro de 1928: Pronunciamento oficial do bispo dom Francisco de Campos Barreto a respeito dos estigmas da irmã Amália.

23 de novembro de 1928: Manifestação pública dos estigmas na irmã Amália, na capela, durante a missa.

12 de dezembro de 1928: Dom Francisco de Campos Barreto enviou para o papa Pio XI uma grande carta com os fatos marcantes da vida da irmã Amália, atestados médicos e fotografias dos estigmas.

2 de fevereiro de 1929: Irmã Amália Aguirre Queija fez sua profissão de fé religiosa e escolheu o nome religioso: Amália de Jesus Flagelado.

29 de março de 1929: Sexta-feira Santa, as chagas na irmã Amália se manifestaram por todo o corpo. Inclusive, ela chorou lágrimas de sangue.

13 de julho de 1929: Amália compôs orações e novena a Santa Maria Madalena, sua protetora.

Setembro de 1929: Irmã Amália continuou recebendo uma série de mensagens de Jesus e Maria. Todas foram escritas em caderno — diário.

8 de novembro de 1929: Irmã Amália, na capela, intercedeu por uma mãe de família gravemente doente, oferecendo-se para morrer no lugar dela. Jesus ensinou-lhe a pedir em oração, por meio das Lágrimas de Maria.

Durante os primeiros meses de 1930: Irmã Amália, em êxtases, recebia mensagens de Jesus e Maria.

1 de março de 1930: Irmã Amália relatou, em seu diário, sua Transverberação.

8 de março de 1930: Nossa Senhora apareceu a sua dileta filha e levando nas mãos um Terço, a que chamou de Coroa, entregou-o para Amália e explicou o poder dessa oração.

Ano de 1930: O Brasil passava por problemas econômicos e políticos, também o comunismo queria lugar de destaque na nação. Nessa época, Jesus e Nossa Senhora disseram várias mensagens para os brasileiros. Instruíam para que os cristãos visitassem Jesus Eucarístico.

Maio de 1930: Papa Pio XI enviou comunicado para os cristãos lutarem pela Igreja que sofria na Rússia, por causa do regime socialista. Em Campinas, dom Barreto acatou o pedido do Papa e escreveu uma orientação a seus diocesanos que rezassem a Coroa das Lágrimas pelo fim do regime socialista e em favor da liberdade de consciência da Rússia; também, pela união das Igrejas Orientais com a Santa Sé de Pedro. Logo abaixo da assinatura do bispo campineiro vinha publicada a Coroa das Lágrimas, com todas as orações correspondentes.

Junho de 1930: Nas mensagens, Jesus sempre revelava que estava no Reino da Misericórdia.

15 de julho de 1930: Jesus pediu a sua querida Amália que arrecadasse almas para Ele, por meio do sofrimento dela, que se tornaram moedas/fichas brancas para que, quando ela estivesse no Paraíso, usasse em prol dos que para ela pedissem. Também foi nesse dia que Ele revelou para ela o que acontece com uma pessoa quando falece.

16 de julho de 1930: Irmã Amália fez uma profecia de que, depois de sua morte, voltaria a terra para dizer a todos quanto Nossa Senhora é mãe acolhedora, que recebe as pessoas com todos os dons celestiais. Essa profecia se cumpre na oração da Coroa das Lágrimas.

17 de julho de 1930: O Brasil estava à beira de uma *Guerra Civil*. E, provavelmente, pessoas morreriam pela pátria. Irmã Amália perguntou a Jesus qual era a razão de algumas almas temerem a morte se ela é porta do Paraíso. Jesus explicou a razão.

Outubro de 1930: Dom Francisco de Campos Barreto pediu aos brasileiros, especialmente aos seus paroquianos, que orassem pedindo ordem e paz ao Brasil, por meio das Lágrimas de Nossa Senhora.

13 de outubro de 1930: Irmã Amália fez para Jesus promessa de merecer ser chamada Esposa de Jesus, pediu o dom da inteligência. Preparação para as Bodas, Núpcias Eternas ainda durante o Exílio.

19 de outubro de 1930: Jesus ensinava para sua querida Amália o valor e o poder da Humildade.

20 de outubro de 1930: Irmã Amália descreveu como é o Céu e a Cidade Santa.

21 de outubro de 1930: Jesus explicou a sua querida Amália que o inimigo só tenta a alma que é preciosa para Deus.

De 24 de outubro de 1930 a 5 de novembro: Dom Francisco de Campos Barreto foi perseguido, difamado e caluniado durante a revolução. Pelo resguardo da vida do bispo, muitos oravam o terço das Lágrimas, inclusive, no *Instituto Missionárias de Jesus Crucificado*. Também, nessa época, Irmã Amália, aflita diante do Sacrário, pediu ajuda de Maria. Nossa Senhora apareceu-lhe e a levou para conhecer a Via Dolorosa.

26 de novembro de 1930: Jesus disse à Irmã Amália que Ele tinha sede de Almas.

11 de dezembro de 1930: Jesus disse a Amália que Ele ama seus filhos, até a loucura. Explicou que o homem é feito para Deus e, sem Deus, nada pode.

17 de dezembro de 1930: A missionária Amália novamente recorreu a Nossa Senhora para escutar seus apelos, Maria escutou e ajudou sua filha.

3 de janeiro de 1931: Irmã Amália recorreu a Maria para lhe ajudar a levar o peso da sua cruz e... Maria falou que a Paixão de Jesus também foi composta pelo Silêncio do Pai Eterno.

24 de janeiro de 1931: Irmã Amália conversou com Jesus no Sacrário da capela. Ele comentou que aquele era seu presídio voluntário e explicou a razão.

25 de janeiro de 1931: Irmã Amália recebeu de Jesus ensinamentos a respeito das humilhações que Ele passou a caminho do Calvário.

27 de janeiro de 1931: Jesus falou que sempre é compassivo e misericordioso, que os que estão cansados devem procurá-Lo para serem consolados.

6 de fevereiro de 1931: Irmã Amália se colocou diante de Jesus e se humilhou, agradeceu por Ele conversar com ela. Pediu aos anjos e santos que agradecessem a Jesus por acolhê-la como se ela fosse uma princesa. Jesus ensinou à querida Amália a maneira de interceder pelos pecadores e para que ela desempenhasse a grande missão de dispensadora de Sua Misericórdia!

15 de fevereiro de 1931: Irmã Amália fez companhia para Jesus no Sacrário e para Ele se colocou em obediência para oferecer sacrifícios em reparação pelos pecados cometidos, durante os três dias de Carnaval.

16 de fevereiro de 1931: Irmã Amália escreveu em seu diário que Maria é a mensageira, intercessora, para a salvação das almas.

28 de fevereiro de 1931: Amália de Jesus Flagelado travava verdadeiras batalhas com o inimigo. E, ao recorrer a Nossa Senhora das Lágrimas, o demônio era vencido.

4 de abril de 1931: Nossa Senhora das Lágrimas falou para irmã Amália a respeito do discípulo João que não a abandonou, acompanhou-a durante e depois da crucificação de Jesus.

5 de abril de 1931: Nossa Senhora se mostrou para irmã Amália como a *Mãe da Divina Misericórdia* que, por suas mãos santíssimas, quer nos dar Jesus, a fonte da Vida Eterna.

25 de abril de 1931: Jesus e Nossa Senhora apareceram juntos e Jesus fez um convite para que todos os seus filhos recorressem às Lágrimas de sua Mãe Santíssima que são pérolas preciosas.

2 de maio de 1931: Maria Santíssima explicou de que foi tecido o manto azul que Ela vestiu na aparição, quando entregou à irmã Amália a Coroa das Lágrimas e se apresentou como Nossa Senhora das Lágrimas.

14 de junho de 1931: Irmã Amália recebeu de Nossa Senhora das Lágrimas informações do quanto são valorosas Suas Lágrimas.

4 de julho de 1931: Jesus deixou uma mensagem para que a humanidade soubesse que apenas uma gota de Seu preciosíssimo sangue tem valor infinito.

17 de agosto de 1931: Nossa Senhora das Lágrimas mostrou à irmã Amália como deve ser meditada a oração do *Pai-nosso*.

19 de agosto de 1931: Jesus mostrou à irmã Amália quais são as belezas da oração da *Ave-Maria*.

23 de setembro de 1931: Nossa Senhora deu à irmã Amália de Jesus Flagelado uma especial mensagem, explicou como usar o admirável *Livro Confortador das Almas*.

5 de outubro de 1931: Jesus se mostrou o *Médico Divino*. Ele é quem tem os remédios para sanar todas as necessidades humanas.

6 de outubro de 1931: Jesus Misericordioso deixou uma mensagem para os cristãos que desejam alcançar grau de santidade, Ele falou que não existe amor sem sacrifício.

8 de outubro de 1931: Irmã Amália deixou registrado que Jesus ensinou como os cristãos podem ficar atentos para adquirir a sabedoria divina. Jesus também explicou que só Ele é a verdadeira felicidade; e que o ser humano só encontrará descanso quando for ao encontro dele.

Outubro de 1931: Jesus falou à irmã Amália como o cristão pode chegar à santificação e disse para ela entregar essa mensagem para quem quisesse ser imitador de Cristo.

17 de outubro de 1931: Nossa Senhora se apresentou para a irmã Amália como a *Rainha dos Lírios*.

26 de outubro de 1931: Jesus ensinou para a Irmã Amália as *Lições de amor no Livro Divino*. Jesus comparou Nossa Senhora a uma flor de Violeta.

Anos 1930 e 1931: Jesus e Maria mostraram à irmã Amália o Reino da Misericórdia. A partir dessa época, por meio dos ensinamentos do Crucificado, irmã Amália começou a se preparar para entregar seus sentidos humanos: sua língua, seus olhos, seus ouvidos, seu tato, para serem lapidados por Jesus, por meio de golpes de cinzel, mesmo sabendo que isso aconteceria com muita dor.

28 de novembro de 1931: Irmã Amália escreveu em seu caderno as explicações que recebeu de Maria, a respeito das vestes e da postura de Nossa Senhora das Lágrimas. Também nesse dia, Jesus incentivou a prática do Retiro Espiritual.

8 de dezembro de 1931: Dia da Imaculada Conceição, irmã Amália de Jesus Flagelado professou seus votos perpétuos ao *Instituto Missionárias de Jesus Crucificado*. Logo depois, ela foi enviada para a *Casa Generalícia,* na cidade de Campinas.

13 de dezembro de 1931: Jesus explicou para a irmã Amália o valor do Sacrifício nessa terra de Exílio.

14 de fevereiro de 1932: A mensagem de Jesus é a respeito da *Possessão Divina*.

8 de março de 1932: Dom Francisco de Campos Barreto reconheceu a veracidade das aparições marianas à irmã Amália de Jesus Flagelado e concedeu as devidas autorizações, até mesmo o *Imprimatur*, para a publicação da oração da Coroa das Lágrimas de Nossa Senhora. Desde março de 1930, a devoção havia se espalhado por quase todo o Brasil.

29 de março de 1932: Nossa Senhora das Lágrimas enviou, por intermédio da irmã Amália, uma mensagem para todos que viviam no Exílio.

9 de maio de 1932: Mensagem de Nossa Senhora sobre o tesouro escondido. Nela a Mãe Santíssima falou do ato heroico da *Humildade*.

13 de junho de 1932: Jesus Crucificado esclareceu como a alma é feliz, ao recebê-lo dentro dos corações.

9 de julho 1932: Revolução Constitucionalista.

23 de agosto de 1932: Nossa Senhora alertou os brasileiros se quisessem que viesse a paz era preciso orar diariamente a Coroa das Lágrimas. Esse apelo foi ouvido e atendido em diversos estados da nação brasileira.

Dezembro de 1932: Irmã Amália continuava com a missão, ora sofrendo, sob as opressões diabólicas, ora provada por Deus com sofrimentos interiores e contradições no espírito. Ela escrevia resguardada, em sua cela.

Dezembro de 1932: O demônio tentava acabar com essa devoção às Lágrimas de Nossa Senhora, ele queria dominar o Brasil. A jaculatória: *Ó Virgem Dolorosíssima, vossas Lágrimas derrubaram o império infernal* é um exorcismo muito poderoso, tanto que dom Barreto decretou 50 dias de indulgências, para quem fizesse essa oração.

Dezembro de 1932: Amália continuava realizando seu voto de obediência e, mesmo sofrendo com os estigmas, com as tentações, ela tinha um tempo reservado para escrever as mensagens e algumas orações que ela mesma formulava.

Começo do ano de 1933: Desde 1932, em muitas cidades, formaram-se grupos familiares que recebiam, em procissão, a imagem de Nossa Senhora das Lágrimas e oravam a Coroa das Lágrimas, sempre às 19 horas.

Ano de 1933: A devoção a Nossa Senhora das Lágrimas e a oração da Coroa cresceu por todo o Brasil. Muitas eram as graças e os milagres recebidos pelos fiéis católicos.

7 de fevereiro de 1934: Irmã Amália de Jesus Flagelado escreveu seus pensamentos a respeito do ideal para a pessoa sábia.

20 de fevereiro de 1934: O prelado da Diocese de Campinas publicou uma carta episcopal e reforçou a importância da devoção a Nossa Senhora das Lágrimas.

8 de março de 1934: O *Imprimatur* de dom Francisco de Campos Barreto para a primeira edição do livro *Glórias e Poder de N. Senhora das Lágrimas.*

12 de março de 1934: Irmã Amália escreveu sua consagração de um ano (ou perpétua porque renovou a cada ano) a Jesus Crucificado. Deixou esse exemplo de consagração para todos aqueles que quiserem e puderem seguir esses preciosos passos que levam à salvação da alma.

11 de maio de 1934: Nosso Senhor Jesus Cristo desposou irmã Amália como sua amada, seu amor... por toda a eternidade. No dia seguinte, sábado, ela escreveu como foram suas Núpcias do Amor.

25 de maio de 1934: Irmã Amália, esposa de Jesus, com a *Coroa da Liberdade,* estava pronta para receber todo tipo de martírio para sua purificação. Nesse dia tão místico, ela fez seu juramento de fidelidade eterna, na permanência de sua liberdade.

Maio de 1934: Dom Barreto, em sua viagem pela Europa, entregou para amigos do clero, de diversos países, panfletos, Coroas das Lágrimas e alguns exemplares do livro *Glórias e Poder de Nossa Senhora das Lágrimas,* para propagar a devoção.

1 de junho de 1934: Jesus Cristo e irmã Amália fizeram seus juramentos de infinito e irrestrito amor.

7 de junho de 1934: Jesus falou a sua esposa Amália sobre os profundos e infinitos subterrâneos de seu amor onde abrigará sua amada.

8 de junho de 1934: A esposa de Jesus Flagelado, Amália, fez sua súplica para que seu amado Jesus aceitasse a vida dela para a salvação das almas.

10 de junho de 1934: A esposa Amália renovou seu intenso amor a Jesus, sem medidas. Por meio do véu da Humildade, Amália se tornou mãe para gerar filhos que vão à busca dessa riqueza, que é capaz de torná-los santos.

25 de junho de 1934: A esposa Amália estava pronta para mortificar seus sentidos humanos para assim poder receber as enchentes do amor Divino.

5 de julho de 1934: A esposa Amália de Jesus Flagelado, diante do Santíssimo Sacramento exposto, fez a oração de súplica ao *Precioso Sangue de seu Amado*.

Agosto de 1934: Desde que irmã Amália recebeu a visita de Nossa Senhora das Lágrimas, os estigmas quase cessaram as manifestações externas; porém ela sentia as dores dos estigmas internos. Em agosto de 1934, recomeçaram as manifestações externas diárias dos estigmas na irmã Amália. Ela sofria muito, mas suas dores eram pela conversão dos pecadores.

5 de janeiro de 1935: Publicação do diário da irmã Amália com as mensagens que ela recebia de Jesus e Maria.

8 de janeiro de 1935: Irmã Amália escreveu uma mensagem para todas as pessoas que procuram trilhar o caminho sagrado ao Paraíso, para uma intimidade maior com Nossa Senhora. Logo depois, uma preparação para receber Jesus.

28 de janeiro de 1935: Dom Barreto recebeu de Roma uma carta vinda do *Santo Ofício*, dizendo que nos documentos enviados aquele dicastério não constava um deles.

1 de abril de 1935: Dom Barreto pediu às autoridades eclesiais romanas ajuda para fundar o *Instituto dos Missionários de Jesus Crucificado*. Uma versão masculina do Instituto. Um sonho que desejava realizar.

Maio de 1935: A poderosíssima Nossa Senhora das Lágrimas apareceu à irmã Amália, como medianeira da paz, e disse que o Brasil a ela pertence. A mensagem foi divulgada com o apoio de dom Barreto. Usar a oração da *Coroa das Lágrimas* como arma para que Nossa Senhora, em ordem de batalha, vencesse o inimigo dos cristãos era um fator determinante. Era a espada para combater o comunismo.

11 de maio de 1935: Sétimo aniversário da tomada de hábito e um ano de casamento místico entre Jesus e irmã Amália. Foi quando, então, depois de nove meses, com manifestações diárias, os estigmas cessaram externamente.

5 de julho de 1935: Enquanto o povo orava, o *Levante Comunista* continuava ameaçando a paz nacional, a situação era de guerra. Várias batalhas, em diversos estados brasileiros, no combate, centenas de mortos.

27 de novembro de 1935: Foram feitas milhares de prisões, não somente de comunistas como de simpatizantes e integrantes da ANL, de socialistas, trotskistas e anarquistas. Foi criada a Comissão Nacional de Repressão ao Comunismo.

Segundo semestre de 1935: A devoção a Nossa Senhora das Lágrimas havia se espalhado pelo país. A oração era a arma com que os católicos se muniram para derrubar o comunismo e restaurar a paz. Era imprescindível que o comunismo fosse abolido do Brasil, e, para isso, o convite era para orar a *Coroa das Lágrimas*, rosário que aparece como o foco de luz que poderia converter o povo e derrubar o "império infernal".

24 de junho de 1936: Dom Francisco de Campos Barreto renovou, por carta, o pedido do Decreto de Louvor e a aprovação das Constituições do *Instituto das Missionárias de Jesus Crucificado*.

19 de julho de 1936: A *Suprema Sagrada Congregação do Santo Ofício* enviou um monge beneditino para uma avaliação mais detalhada ao Instituto Missionárias de Jesus Crucificado.

4 de agosto de 1936: Foram publicadas 59 novas mensagens que irmã Amália havia recebido de Jesus Cristo e Nossa Senhora. Com autorização do bispo dom Barreto.

Ano de 1936: Depois de várias correspondências entre o dicastério romano e dom Francisco de Campos Barreto, o Santo Ofício enviou uma nota, informando que não reconheceu os fenômenos na irmã Amália e sentenciou silêncio a ela e aos acontecimentos. Determinou que fossem retirados e guardados livros, revistas e tudo que se referisse às revelações da missionária irmã Amália de Jesus Flagelado, e à devoção às Lágrimas de Nossa Senhora. Dom Barreto acatou as ordens, mas continuou na luta para o reconhecimento da devoção às Lágrimas de Maria, perante o Vaticano.

3 de abril de 1937: Dom Francisco de Campos Barreto recebeu da *Sagrada Congregação do Santo Ofício* a ordem de enviar para ela um exemplar das Constituições, do Diretório e Livro de Orações do Instituto, e os cadernos com os escritos da irmã Amália, bem como outros escritos que dela existisse. Dom Barreto obedeceu.

8 de setembro de 1939: Irmã Amália escreveu uma carta para Nossa Senhora dizendo o quanto ela estava sentindo-se humilhada, o quanto queria ser santificada, e que ia amar a vida sobrenatural e desprezar a vida humana.

Ano de 1940: Irmã Amália acatou a ordem de "Silêncio" imposta pelo Santo Ofício.

22 de agosto de 1941: Dom Barreto faleceu às 22h52, no Palácio Episcopal, em Campinas. Ele foi testemunha das manifestações dos estigmas e dos êxtases da missionária Amália de Jesus Flagelado e, também, foi grande apoiador e divulgador da devoção às Lágrimas de Nossa Senhora. A morte dele foi uma grande perda para a luta em prol da devoção às Lágrimas de Maria.

23 de novembro de 1953: Gravemente enferma, Irmã Amália foi enviada para Taubaté, na companhia de madre Vitalina Rezende.

16 de janeiro de 1956: O coração da irmã Amália estava cada vez mais fraco, por isso ela foi internada no Hospital Santa Isabel, para exames médicos.

Década de 1960 e 70: O sonho da irmã Amália Aguirre era constituir em Taubaté uma casa para abrigar crianças e dar-lhes os sustentos material e espiritual. Ela não era mais jovem, mesmo assim a intensidade das dores dos estigmas eram as mesmas. Os estigmas quando apareciam não sangravam como antigamente e, muitas vezes, desapareciam completamente. Mesmo assim, havia a dor interna.

No ano de 1968, Amália estava bem debilitada por causa da doença, porém, continuava em sua meta de caridade. Tanto que fundou um humilde Lactário, que passou a assistir regularmente 20 crianças.

Em Taubaté, Irmã Amália continuava a orar, diariamente, à coroa das Lágrimas de Nossa Senhora. O quarto da irmã Amália, em Taubaté, tinha duas camas; uma para irmã Amália, e a outra para uma acompanhante, uma escrivaninha, uma cadeira, um Crucifixo na parede. Nesse simples aposento, irmã Amália continuava com seus êxtases e seus estigmas, por vezes, manifestavam-se. Geralmente, quando irmã Amália estava diante do Santíssimo, na capela, entrava em êxtase.

O sofrimento do Silêncio era espiritual, pois Amália não mais podia anunciar para o mundo as mensagens que recebia de Jesus e Maria. Ela tinha uma fé inabalável de que tudo passaria.

Um grupo de senhoras muito ajudou na arrecadação de verba para a construção do Lar, em Taubaté. Essas mulheres eram grandes benfeitoras. Elas se uniram nessa missão e, para isso, organizavam chás e almoços beneficentes nas casas de várias senhoras, amigas delas.

Amália tinha o dom da clarividência, só de olhar para uma pessoa sabia o que ela estava sentindo, os problemas físicos e psicológicos também. Atendeu muitas pessoas que para ela pediam conselhos.

A saúde de irmã Amália era precária, a doença minava suas forças, diversas vezes ela foi vítima de enfartes, dos quais se recuperava milagrosamente. Seus estigmas internos eram muito doloridos, ela sofria calada, oferecendo as dores para a salvação das almas, para a conversão dos pecadores.

Depois de mais um infarto, no ano de 1976, sem idade que lhe permitisse uma cirurgia, irmã Amália enfraqueceu a cada dia, muito debilitada ao ponto de perder a agilidade. Ficou restrita a uma cadeira, onde orava sem cessar.

18 de abril de 1977: Amália Aguirre faleceu, às 11h30, em Taubaté; o sepultamento foi no *Cemitério da Venerável Ordem Terceira de São Francisco.* Esses anos em Taubaté foram definitivos para a missionária irmã Amália exercer a obediência do Silêncio. Seus estigmas, seus êxtases, não eram mais divulgados. Mas nada calaria a mensagem que Nossa Senhora deixou ao mundo. A devoção cresceu em vários países.

18 de junho de 1981: Aconteceu a inauguração de *O Lar Irmã Amália*, que recebeu a bênção do bispo de Taubaté, dom Francisco Borja Amaral, também houve missa campal.

27 de outubro de 2001: Ficou pronto o Centro de Acolhida Adolescente – Lar Irmã Amália. Atualmente o Lar se encontra à Rua José Vicente de Barros, 961, Parque Santo Antônio, CEP 12060-710, Taubaté - SP.

Parte I

HISTÓRIA DA APARIÇÃO DE
NOSSA SENHORA DAS LÁGRIMAS

1. Pedido de ajuda

No dia 8 de novembro de 1929, "T." foi até a Casa Mãe, à Rua Benjamin Constant, n. 1344, esquina com a Rua Luzitana, n. 1331, Campinas-SP, para pedir ajuda para sua irmã "F.", porque a esposa dele encontrava-se doente, em estado terminal, os médicos nada podiam fazer, segundo eles a doença era incurável. A família estava aflita. "F.", angustiada, perguntou à irmã Amália o que seria das crianças que ficariam órfãs de mãe. Nesse momento, Amália sentiu necessidade de orar e, em um impulso, foi à capela, e aos pés do altar, ajoelhou-se no degrau e com os braços abertos, disse a Jesus: *"Não há esperança de salvação para a esposa de T.? Eu daria minha vida para salvar uma mãe de família. O que quereis que eu faça?"*[2]

Jesus lhe respondeu: *"Se queres alcançar essas graças, pede-me pelas lágrimas de minha Mãe"*. Irmã Amália perguntou a Jesus: *"Como eu devo rezar?"* Foi, então, que Jesus lhe ensinou duas jaculatórias: *"Meu Jesus, ouvi nossos rogos, pelas Lágrimas*

---

[2] Carta aberta escrita por Irmã Amália de Jesus Flagelado a sua Superiora. In: Revista *A Missionária de Jesus Crucificado*, n. 3, Ano 1, 1931, com aprovação eclesiástica.

de Vossa Mãe Santíssima!" E, também: *"Vede, oh! Jesus, que são as Lágrimas d'Aquela que mais Vos amou na Terra e mais Vos ama no Céu".* Ele acrescentou: *"Minha filha, tudo o que os homens me pedirem pelas Lágrimas de minha Mãe, Sou obrigado amorosamente a dar".* Em seguida, anunciou-lhe: *"Mais tarde, minha querida Mãe entregará, por amor, este precioso tesouro a nosso querido Instituto, como imã de misericórdia".*[3]

Passaram-se quatro meses, exatamente no dia 8 de março de 1930, a profecia aconteceu. Na capela, irmã Amália estava ajoelhada nos degraus do altar, quando, de repente, sentiu-se levitar e viu uma mulher que flutuava em sua direção, mulher "de uma formosura inexplicável, trajando uma túnica cor de violeta, um manto azul e um véu branco, que lhe envolvia o peito, que a humilde missionária viu descer sorrindo e d'ela aproximar-se, trazendo nas mãos um Terço, a que chamou de Coroa, cujos grãozinhos brilhavam como o sol e eram brancos como a neve..."[4] Entregou o Terço a sua dileta filha e disse: *"Esta é a Coroa das minhas Lágrimas, dadas por meu Filho a este Instituto, como uma parte de seu Patrimônio. Suas invocações já foram dadas por meu Filho. Ele quis mimosear-me com mais esta invocação, e todas as graças que me forem pedidas, por intermédio de minhas Lágrimas, meu Filho concederá. Esta Coroa servirá para a conversão de muitos pecadores, especialmente dos espíritas. A este Instituto uma glória lhe será reservada, que é a conversão de milhares destes membros de uma seita tão perniciosa para a árvore florida da Igreja militante. Ei de obrigar o demônio a confessar o dano que esta Coroa lhe há de causar! Aparelha-te para esses combates. O demônio tem que revelar ao Instituto o que ela [a coroa] houver feito a favor da Igreja militante"*[5].

---

[3] Ibidem.
[4] Ibidem.
[5] *Nossa Senhora das Lágrimas e o seu Pombal*, 1935, p. 13.

E declarou-lhe: *"Todas as graças que forem pedidas por intermédio de minhas lágrimas, meu Filho concederá"*.[6] Depois de dizer isso, Nossa Senhora desapareceu e, imediatamente, irmã Amália escreveu aquelas palavras.

Essa oração logo se espalhou entre as missionárias, que passaram a orar a Coroa das Lágrimas. Tudo foi feito conforme a Mãe de Jesus pediu. Dom Barreto sempre atento, suas orações eram apelo divino para ele receber sabedoria e discernimento; se deveria ou não dar sua bênção apostólica. O resultado veio depois de muitas preces, essa devoção às Lágrimas de Nossa Senhora é uma potente arma contra as forças do mal, seja em caso de doença ou de manifestação diabólica. Foi então que dom Barreto autorizou cunhar a medalha e fazer uma digna estampa retratando Nossa Senhora das Lágrimas.

A devoção, na década de 1930, espalhou-se rapidamente por todo o território nacional. Dom Francisco de Campos Barreto também divulgou a devoção às Lágrimas de Nossa Senhora em vários países europeus, que visitou em 1934; com os folhetos da devoção e as Coroas, ele também divulgava as mensagens que irmã Amália recebia de Jesus e Maria.

2. A Coroa das Lágrimas

O tesouro que Nossa Senhora entregou para a missionária irmã Amália Aguirre foi a *Coroa das Lágrimas de Nossa Senhora*. Esse Rosário contém 49 contas brancas, divididas em grupos de sete, por sete contas igualmente brancas. É, portanto, uma Coroa das Dores de Maria. Tinha ainda mais três contas finais e uma medalha com a imagem de Nossa Senhora das Lágrimas – de um lado – e a imagem de Jesus Manietado – de outro lado. A medalha é uma parte essencial dessa Coroa; deve ser

---

[6] Ibidem.

exatamente como aquela que a Mãe das Lágrimas mostrou à irmã Amália. As orações que constam na Coroa são:

Oração inicial: *Eis-nos aqui aos vossos pés, oh! dulcíssimo Jesus Crucificado, para vos oferecer as Lágrimas d'Aquela que, com tanto amor, vos acompanhou no caminho doloroso do Calvário. Fazei, oh! bom Mestre, que saibamos aproveitar da lição que elas nos dão, para que, na Terra, realizando vossa santíssima vontade, possamos um dia no Céu vos louvar por toda a Eternidade.*

Nas contas brancas (E que separam os grupos de sete):
Vede, meu Jesus, são as Lágrimas d'Aquela que mais vos amou na Terra!
E que mais vos ama, no Céu.

Nas contas brancas (grupos de sete):
Meu Jesus, ouvi nossos rogos.
Pelas Lágrimas de vossa Mãe Santíssima.

Repete-se três vezes, nas três contas brancas finais:
Vede, meu Jesus, são as Lágrimas d'Aquela que mais vos amou na Terra!
E que mais vos ama, no Céu.

Oração final: *Virgem Santíssima e Mãe das Dores, nós vos pedimos que junteis os vossos rogos aos nossos, a fim de que Jesus, vosso Divino Filho, a quem nos dirigimos em nome das Vossas Lágrimas de Mãe, ouça as nossas preces e nos conceda, com as graças que desejamos, a coroa eterna. Assim seja – Amém!*

Depois, segura, contempla e beija os dois lados da medalha, dizendo as jaculatórias referentes a cada um deles.

3. A Medalha

Por ordem da Mãe de Deus, a Medalha traz na frente a Senhora das Lágrimas entregando a Coroa das Lágrimas à irmã Amália, para que fosse divulgada no mundo inteiro, exatamente como aconteceu na aparição, com as palavras ao redor: *Ó Virgem Dolorosíssima, vossas Lágrimas derrubaram o império infernal!*

E, no verso da medalha, a imagem de Jesus Manietado, com a seguinte frase: *Por Vossa Mansidão Divina, oh! Jesus Manietado, salvai o mundo do erro que o ameaça!*

Parte II

ICONOGRAFIA DA IMAGEM DE NOSSA SENHORA DAS LÁGRIMAS

1. Meu manto azul[7]

Missionária que me fitas, já compreendeste bem o significado das cores como a ti me apresentei? Se não compreendeste bem, desejo que bem o compreendas; por isso vou hoje te mostrar o que deves pensar, quando diante de minha imagem estiveres.

Por que me apresentei a ti com um manto azul?

Para que, cada vez que me fitares, quando exausta pelos trabalhos e carregada com a cruz das tribulações, te lembres do Céu, recompensa infinita que te dará gozo eterno. Lembre-te meu manto que um belo Céu te espera, onde serás envolta com ele, o que te dará gozo indizível.

Oh! Missionária, meu manto azul deve dar a tua alma coragem e a teu coração alegria, porque ele te lembra que é teu agasalho nos dias do inverno deste peregrinar!

---

[7] As mensagens com explicações a respeito das vestes e das posturas de Nossa Senhora das Lágrimas foram registradas pela Irmã Amália de Jesus Flagelado, em seu caderno-diário, no dia 28 de novembro de 1931.

Quando teu coração sentir necessidade de calor e de carinho como os que em tua infância recebias de tua mãe, envolve-te em meu manto azul e sentirás o calor de meus afagos; afagos de Mãe, a mais carinhosa de todas as mães.

Que te lembre, oh! Missionária, meu manto azul, que não és órfã. Sim, Jesus deseja que suas esposas sintam os carinhos de uma Mãe solícita; por isso quando batida pelas tentações, lembra-te que meu manto já não é meu somente; mas, sim, que uma parte dele é tua e, pertencendo-te duplamente, porque, além de Jesus ter me dado como Mãe no alto da Cruz, deu-lhe a ti um testamento e de que forma!

Oh! Missionária, meu manto azul seja para ti uma grande consolação. Sim, quando a meus pés vieres e ao contemplares minha imagem, não te esqueças do que quer dizer meu manto azul para ti, lembre-te ele sempre o Céu, e nesta doce esperança recobrarás força para continuares a luta até o fim.

Desejar, amada minha, o Céu é uma doce consolação, que darás a Jesus, porque com isso desejas a Jesus, porque Ele é quem faz a felicidade dos eleitos.

A alma foi criada para gozar desta felicidade, portanto, deve-se lembrar dela e desejá-la. Errados estão os que dizem que não se deve desejar o Céu. Ah! não, Missionária, o Céu é a doce esperança dos que gemem e choram por amor da justiça. Ah! o Céu foi quem deu a tantos Santos, que hoje se acham nele, a fortaleza para a luta.

Deus criou o Céu para seus filhos e como os filhos não hão de pensar neste Céu?

O que é este Céu?

Este Céu é Deus mesmo, portanto, desejar o Céu é desejar a Deus. Vê, alma que me ouves, como desejar o Céu é salutar.

Missionária, desejando dar-te coragem neste exílio, apresentei-me a ti revestida do Céu. O Céu, meu manto, sim, meu manto azul que te lembra o Céu neste exílio, é apenas uma imagem, porque a realidade deste Céu gozarás só depois deste peregrinar. Portanto, quando me contemplares com meu manto azul, lembra-te, minha Mãe do Céu com seu manto azul me diz: *Avante, filha, porque o Céu se aproxima.*

Sim, quando fitares meu manto, lembra-te que te digo: *não temas, porque ele é teu; não temas o frio, porque meu manto o fiz teu, ele te aquecerá e te dará energias para enfrentar os perigos e os assaltos do inimigo.*

Missionária, não mais te apresentes ante minha imagem, sem a firme resolução de aproveitares das lições, que elas te proporcionam. Sai de junto de minha imagem, confortada com a esperança de breves poderes estar a meu lado no Céu, onde serás afagada por minhas próprias mãos.

Não sejas egoísta, quando trouxeres alguma pessoa aos pés de minha imagem, conta-lhe o que te contei, para que todos tenham a consolação de se lembrarem do Céu. Ao me fitarem conta-lhes que Eu sou Mãe de todos os homens e os mais pobrezinhos é que mais tem necessidade de mãe, portanto, o maior dos criminosos pode-me chamar de sua Mãe, porque, na realidade, o sou. Só o chamar-me de Mãe predispõe sua alma para o arrependimento, portanto, todos têm direito de me chamar de Mãe; na realidade, sou Mãe de todos, porque por todos os homens Jesus expirou na Cruz.

Alma Missionária, não te esqueças do significado do manto azul de tua Mãe lacrimosa. Aproveita dele e dá a todos os homens de boa vontade.

2. As fibras de meu manto azul[8]

2.1. A confiança

Amados de meu Coração, a paz seja convosco.

Saudando-vos com a paz de Jesus, convido-vos a me escutar por amor, porque é por amor que vos falo.

Desejo hoje, amados meus, mostrar-vos de que é tecido meu manto azul, de que são feitas suas fibras! Suas fibras são feitas de confiança e esperança, porque Eu, vossa Mãe, jamais desconfiei, ainda que tudo parecesse se levantar contra mim. Meu manto é riquíssimo, por isso, chamo-vos bem-aventurados todos os que estais por ele guardados. Sim, bem-aventurados todos os que têm por teto meu manto azul; tendes que ser bem-aventurados, vós que seguindo uma inspiração divina, envergais sua cor.

Amados de minha alma, desejo falar-vos hoje da confiança que sempre depositei em Deus, e foi por este motivo que o Deus eternamente bom me revestiu com este manto real e me disse: *Em troca da confiança que em mim depositaste, cubro-te com este manto de realeza, e bem-aventurados serão os que sob este manto se abrigarem. Pela confiança que sempre tiveste em Nós [Santíssima Trindade], te proclamamos Rainha de todos os anjos e homens e portadora dos tesouros do Paraíso.*

A confiança é necessária para a salvação da alma! Quem é que não sofre e não tem contradições na vida? Ah! Não há nenhum mortal; portanto a confiança é necessária nas horas difíceis para não sucumbir e não dar ouvidos à tentação do desespero, que sempre vem nas horas de tribulação, quando a confiança falta.

Amados de meu Coração, por que vos falei [das] fibras de meu manto? Porque manto quer dizer *proteção*. Falo-vos as-

---

[8] 2.5.1931.

sim, tão simplesmente, para que todos me possais compreender. Sim, Eu vos falo a linguagem simples do Evangelho para que, me compreendendo, possais pôr em prática meus ensinamentos, que são todos de Misericórdia.

Prossigamos na confiança, da qual é feito meu manto de realeza.

Amados meus, desejo tanto que me copieis em todas as virtudes, para ver-vos felizes. O móvel de todas as minhas ações é o desejo que tenho de ver-vos felizes e só sereis felizes quando compreenderdes a santidade. Eis o motivo de minhas exortações: *a vontade imensa que tenho de ver-vos santos, usufruindo das delícias do Coração Santíssimo de vosso Esposo, que tanto deseja vossa santificação.* Sim, Ele deseja ardentemente ver-vos santas, porque sendo santas sereis felizes por toda a eternidade. Este é, também, o móvel de suas obras: *fazer-vos felizes.* Esta felicidade, porém, só a adquirireis quando compreenderdes bem como deveis praticar a virtude, porque almas há que se debatem em vão. Por isso, eu vos convido, almas minhas, a vos agasalhardes sob meu manto, para adquirirdes a confiança necessária e assim vencerdes nas horas difíceis. Ser-vos-á custoso permanecerdes à sombra benéfica de meu manto? Ah! Não, uma só coisa é necessária; é ver-me como Mãe. Quem me tem como Mãe jamais sai da sombra benéfica de meu manto protetor.

Qual é a mãe que em tempo de frio nega agasalho a seu filho, que está tiritando? É preciso não ter coração para uma mãe se negar a isso. Se as mães da Terra são boas, como não o será à Mãe do Céu, que é Mãe de Jesus, que em seu seio trouxe o perdão, a caridade infinita?! Vede, amados filhos, que, dizendo-vos que são bem-aventurados os que me consideram como Mãe, não vos digo uma mentira, mas sim uma realidade, porque eu sendo Mãe da divina caridade, certamente por vós, que me fostes dados como filhos, hei de velar como tal, como Mãe solícita. Portanto a condição necessária é considerar-me como Mãe e já vos provei que sou vossa Mãe!

Agora vou falar-vos como adquirireis minha confiança para vossas almas. Certamente que vivendo debaixo de meu manto, levar-vos-ei pela via da confiança, pela qual Eu sempre andei no exílio. Se Eu, vossa Mãe, sempre trilhei esta via, por outro caminho não hei de levar-vos a vós, que confiados estais a meus cuidados.

A confiança é a via segura que conduz ao Coração Santíssimo de Jesus e não há outra para lá chegar. Sempre trilhei esta; e por esta é que desejo conduzir a todos os que me consideram como Mãe, e que a mim recorrem para me pedir conselho.

Vede, Eu quantas vezes tive ocasião de desanimar quando passei por esse exílio! Quantas vezes em provações tão penosas, se não fosse a confiança, teria sucumbido! É que a confiança que se aninhava em meu Coração sempre foi minha couraça para resistir a tantas provações, que o bom Deus se dignou enviar-me enquanto de passagem estava nesse exílio.

Confiando em Deus, o exílio torna-se suave. Eis por que chamando-vos para esta abençoada família, vestis a cor de meu manto. E por que será isso? Muitas de vós quem sabe ainda não o percebestes. É porque tendes a nobre e encantadora missão de propagar a Misericórdia e a confiança. A confiança é fruto da Misericórdia.

Vede, almas minhas, qual o significado da cor de vosso hábito: *a confiança*. Sim, cada vez que olhardes para vosso santo hábito, direis: *esta cor me lembra que devo ser muito confiante em minha Mãe do Céu e em seu Divino Filho e que devo a todos levar pela via da confiança.*

Vede que, falando-vos das fibras de meu manto feitas pela confiança ilimitada que eu sempre depositei em Deus, por amor, convido-vos a entrardes debaixo desse manto tão perfumado com esse aroma tão delicioso para Jesus, a confiança.

Sim, Ele por amor vos há de obrigar a transitar esta via, na qual se conhecem os atributos de Deus, eternamente Misericordioso.

Amados meus, eis por que desejo ardentemente ver-vos todos debaixo deste manto protetor tecido pela confiança, que sempre tive em Deus.

Agora, desejo falar-vos mais alguma coisa, desejo que vós teçais um manto. Eu é que vou dar-vos as fibras, porém isso exige de vós um pouco de esforço e de boa vontade. Desejo que urdais um manto, fazendo, debaixo de meu, um pacto todo de amor. Vede que a mestra sou Eu mesma.

As fibras do manto que deveis urdir com todo o capricho são as de meu [manto]. Vede que deve ser consolador para vós saberdes que teceis um manto com as mesmas fibras do meu.

Como, direis vós, adquiriremos estas fibras? Já vos disse, vendo-me como vossa Mãe solícita pronta a socorrer-vos e a beneficiar-vos não com enfado, mas com muita alegria.

Amadas de meu Coração, como esposas que sois do Rei dos reis, deveis ter vosso manto de realeza e este deve ser por vós urdido no exercício de confiança, nesse noviciado todo de Misericórdia. Depois de o terdes bem confeccionado, eu mesma vou cobrir-vos com ele dizendo-vos: *sois na verdade rainhas, podeis cobrir os pecadores, podeis agasalhá-los.*

Oh! almas minhas, que sede tenho de ver-vos cobertas com este manto de verdadeira e inabalável confiança em vosso Esposo, que por amor me obriga a dar-vos essas lições todas de Misericórdia. Sim, é sua Infinita Misericórdia que deseja ver-vos revestidas com esse manto de realeza.

Alguma de vós, quem sabe, pode ficar um tanto assustada dizendo: *eu não sei fazer o que minha Mãe me pede.* Não vos assusteis, já vos disse, eu sou Mãe e uma Mãe faz tudo pelo filho que é um tanto tímido. Entregai-vos a meus braços, que Eu farei por vós o que não souberdes fazer; porém nada farei pelas que tiverem má vontade. Ah! Isso não, tudo faço pelos que põe sua boa vontade, em ação; porém pelos que, para se poupar de qualquer sacrifício, não põem mãos à obra, nada farei.

Portanto boa vontade e eu vossa Mãe carinhosa tudo farei em vosso favor, para ajudar-vos a confeccionar vosso manto de realeza.

2.2. A esperança

Amadas de meu Coração, continuemos a meditar meu manto azul.

Vamos agora ver as fibras feitas de esperança.

Falei-vos já da confiança, agora desejo falar-vos da esperança, que é fruto da confiança. Quem confia, certamente, espera.

Sim, Eu sempre esperei em Deus, meu Criador, e Ele jamais me enganou. Suas promessas são eternas e imutáveis. Ele sempre foi e há de ser o Deus bom, cuja caridade não tem fim. Convido-vos, portanto, amados de minha alma, a meditardes nestas palavras de Misericórdia para que, compreendendo-as, possais tecer vosso manto com estas fibras tão delicadas: *a Esperança!* Amadas filhas, esperar o que, direis vós? Esperar ver a Deus vosso Esposo, Esposo amantíssimo; esperar poder um dia ouvi-lo.

Ah! sua voz é tão encantadora e melodiosa! Não há melodia comparável à voz do Amado de vossa alma; esta voz enche o Céu de tanto gozo! Ah! Se neste mundo vos fosse dado ouvir sua doce voz tal qual ela é, alegremente daríeis mil vidas se vos fosse possível para ouvi-lo uma só vez. Ele fala a vosso coração; porém, de um modo velado que não vos permite perceber seus encantos, porque só no Céu vos é dado essa ventura.

Filhos de meu Coração, como é doce esperar o Paraíso, onde se acha o amado de vossas almas, sem véus, para vos cumular de favores e de mimos!

Sim, a esperança é um doce lenitivo para as horas difíceis da vida. Para quem não possui essa esperança como deve ser duro o exílio! Vede, o que me deu tanta força foi a esperança. Quando sozinha fiquei, sem o Filho querido, a esperança me transportava ao Paraíso, onde, em espírito, contemplava o Filho amado em minha espera para coroar-me como sua Mãe e Mãe que soube esperar, fazendo tal sacrifício por amor. Vede que a esperança é necessária para a vida da alma. Sem esperança a alma não resiste aos combates, que, muitas vezes, o demônio ou a carne lhe levanta.

Almas minhas, aproveitai de minhas palavras de Mãe solícita, que deseja tanto ver-vos perfeitas. Por isso vos convido por amor, a seguirdes meus exemplos e a aprenderdes neste noviciado de Misericórdia a serdes almas esperançosas nas promessas de Jesus e de vossa Mãe.

Almas boas, vosso manto deve ser, como já vos disse, tecido por vós com as fibras do meu, fibras de confiança e de esperança.

Como já vos disse, vos sois esposas do Rei dos reis e deveis, portanto envergar o manto de realeza. Que alegria dareis a meu Coração no dia em que vos vir com este manto real!

Amadas filhas, não é isso difícil porque eu, vossa Mãe, estou pronta em vos ajudar com amor e alegria.

Vós me direis como faremos para sermos almas cheias de santa esperança?

Ah! filhas amadas, esperar é tão suave, tão doce! Vede, quando esperais em alguma promessa boa que os homens vos fazem, como vos alegrais! Qual não deve ser vossa alegria esperar nas promessas do Esposo de vossas almas?!

Por piedade, jamais deixeis de esperar, de ter esta consoladora esperança: *um dia estarei ao lado de meu Divinal Esposo e jamais daí sairei. Por toda a parte aonde Ele for eu estarei a seu lado.* Não é isso consolador, amados meus? Direis vós: *nós temos muitas imperfeições, não podemos ter essa esperança!* Ah! Por piedade, vós que estais nesta escola de Misericórdia, onde vossa mestra é Maria, por piedade, não faleis assim, porque se assim falardes, dais-me uma triste prova que não tendes aproveitado de meus ensinamentos, todos de Misericórdia!

Amadas de meu Coração, apesar de serdes imperfeitas, eu vos pergunto: *não desejais ardentemente ser perfeitas?* Sim, pois se desejais, por que então não haveis de ter esta doce esperança que dá tanto alento, tanta força à alma que se acha na luta?

Sim, a esperança é necessária, eu vos digo por experiência própria, porque ela me alentou nos duros dias do exílio. Quantas vezes, com o coração amargurado pelas saudades do Filho amado, saí vitoriosa quando fiz uso da esperança. Levantando meu espírito ao Céu, reanimei-me e criei novas forças para continuar meu exílio doloroso, não forçadamente, mas por amor!

Amados meus, que bela é a esperança!

Que delicioso perfume dela se desprende! Fazei uso dela e vereis se o que vos falo não é uma realidade. Sim, a esperança dulcifica o exílio, dá à alma força e vigor, para alegremente prosseguir na subida do monte da perfeição.

Oh! almas minhas, dai-me almas esperançosas e eu vos darei almas generosas. Sim, porque quem possui a verdadeira esperança está sempre pronto a fazer qualquer sacrifício. Ah! Quem se negará a um sacrifício quando se lembrar que um dia se servirá de grande alegria?

Quem se negará a um sacrifício se tiver a esperança de com ele salvar uma alma?!

Vede como a esperança é necessária e como ela dá vida e vigor! Almas pias, a minha imitação, desejo-vos ver transbordantes de santa esperança no Esposo amantíssimo de vossas almas, que jamais enganou, nem pode enganar.

Esperai e sereis fortes, envergareis o manto de realeza que Eu envergo e abrigarei a tantos pobrezinhos debaixo de vosso manto.

Esperai e sereis as consoladoras do Senhor, que em vós pôs seus olhares complacentes! Esperai e sereis as mulheres fortes do Calvário! Esperai e sereis as minhas fiéis imitadoras! Eu muito esperei e não estou arrependida, ao contrário, minha alma está submersa em gozo por muito ter esperado em meu Deus, que tanto me ama.

Oh! esperança, como és bela, como és formosa, mostra tua beleza às minhas caras filhas, para que elas possam tecer seu manto real com tuas fibras tão delicadas!

Eu te bendigo esperança que, no exílio, tanto bem fizeste a minha alma.

E vós, amadas de meu Coração, sereis benditas se esperardes, como Eu, no Deus da Misericórdia, no Esposo, que por vós morreu no alto da Cruz, dizendo-vos: *Eu vos amo e porque vos amo morro nesta dura Cruz.*

Vossa terna Mãe, que deseja cobrir-vos com o manto real da confiança e da esperança, confeccionado por vossas mãos.

3. Minha túnica roxa

Quem sabe ainda não compreendeste bem o significado de minha túnica roxo-violeta?

Desejando que bem aproveites do significado destas cores, pelas quais me apresentei a ti, vou hoje te explicar bem o que te deve lembrar, quando a meus pés vieres e me fitares. Nas cores com que me apresentei no Pombal[9], o roxo significa dor.

---

[9] Pombal era a forma carinhosa como Jesus e Nossa Senhora tratavam o *Instituto Missionárias de Jesus Crucificado.*

Depois de terem golpeado barbaramente o corpo Santíssimo de Jesus, ficou todo arroxeado, o qual causava dor.

Meu coração de Mãe, vendo Jesus, o Divino Filho, em tão lastimoso estado, também ficou roxo de dor, e minha alma dilacerada pela dor!

Portanto, amada Missionária, minha túnica roxa deve-te lembrar quanto Eu sofri e qual a causa de meus sofrimentos! Além disso, deves também te lembrar que minha túnica roxa, cor de violeta, te diz quanto amei a virtude, alicerce de toda a santidade, a humildade. A humildade, alma Missionária, é a base de toda a santidade e não se pode chegar à santidade sem se ser verdadeiramente humilde.

Aprendei de mim que sou manso e humilde, disse o Divino Filho. Sim, sem a humildade, debalde trabalhareis na importante obra de vossa santificação. Eis por que ao me apresentar no Pombal querido, dei esta cor a minha túnica.

Sim, quando a meus pés te apresentares, fitando minha túnica, lembra-te primeiramente, que ela te diz quanto eu sofri, e, na meditação de minhas angústias, ganharás um grande prêmio para tua alma, pois elas te darão força.

Além disso, merecerás o privilégio que a elas foi concedido, que é o livramento das penas do purgatório.

Meditar no quanto eu sofri por teu amor é um dever de gratidão. Qual é a filha extremosa que não se lembra dos sacrifícios que sua Mãe fez por si? Eu sendo Mãe tão solícita e tão amorosa para com todos os meus filhos, por amor tendes um dever sagrado de meditar no quanto eu sofri em favor de vossas almas. E para não vos esquecerdes deste dever sagrado, apresentei-me no querido Pombal, vestida de roxo, e por toda a parte onde a Missionária for por amor, tem um sagrado dever de me levar vestida como me apresentei na Casa Mãe.

Portanto, Missionária, creio que compreendeste o significado de minha túnica roxa. Grava bem em teu coração estas lições, não as esqueçais, porque elas são salutares a tua alma, dar-te-ão força, e coragem neste exílio para que um dia possas sair deste mundo em meus braços de Mãe, a qual te introduzirá nos celeiros do Amado.

Oh! morte feliz a da Missionária, que souber neste exílio viver, segundo o espírito do caro Pombal!

Feliz, mil vezes feliz, a Missionária que souber aproveitar do quanto Eu tenho dado a este caro Pombal.

4. Meu véu branco

Missionária, mostrei-te o significado de meu manto azul e de minha túnica roxa; vou hoje contar-te porque me apresentei no caro Pombal com o véu branco, envolvendo-me o peito e cobrindo-me a cabeça.

Branco significa pureza, e, sendo Eu a branca açucena da Santíssima Trindade, não podia deixar de me apresentar sem esta alvura que extasia o próprio Deus, pelo que os anjos me chamam predileta açucena da Santíssima Trindade.

A pureza transforma o homem em anjo, e esta virtude é tão querida de Deus, de modo que, a quem a pratica, é dada a grande ventura de ver a Deus mesmo neste mundo, não com os olhos do corpo, mas com os olhos da fé.

Chamou Jesus aos puros de bem-aventurados; sim, na realidade, eles são bem-aventurados neste mundo e no outro. Vede como Deus ama os corações puros. Por ser pura me escolheu como Mãe, por ser puro escolheu a José como Pai adotivo, o qual teve a ventura de o afagar tantas vezes. Oh! quantas carícias, quantos amplexos José deu ao Menino Deus! João por ser puro reclinou sua cabeça no peito sagrado de Jesus!

Vê, alma Missionária, as prerrogativas dos puros! É lhes dado reclinar no peito sagrado de Jesus!

Eu, sendo esta bela açucena da Santíssima Trindade, quis assim me apresentar ao Pombal querido, revestida com o véu branco da pureza, virtude amada de Deus, qualidade de Deus, porque em Deus tudo é puro. Sim, em Deus tudo é branco, Ele é o autor da brancura dessa bela virtude.

Missionária, compreendeste bem a alvura de meu véu branco? O que te diz ele? Ele te diz que deves também ser uma branca açucena, a qual deve encantar teu Esposo, para poderes em seu peito reclinar.

Apresentei-me ao Pombal não somente com a cabeça coberta de branco, mas, sim, também o peito. Que quer isso dizer? Quer isso dizer que no peito reside o coração, do qual nascem as paixões depravadas! Portanto apresentando-me com o peito envolvido em tal brancura, digo-te que teu coração deve estar sempre envolvido dessa brancura celeste, que te dará a felicidade de seres a morada da Santíssima Trindade.

Vê, alma Missionária, como, ao te apresentares ante minha imagem, deves aproveitar das cores das quais a revesti, para sempre te lembrares de ser pura como os anjos e humilde como os santos.

Missionária, grava bem em tua alma essas lições. Não as esqueças mais, porque elas servir-te-ão de luz e força para poderes subir o Calvário e chegares à porta da Jerusalém Celeste em meus braços de Mãe; os quais serão sempre teus, se sempre fores branca como as açucenas, fazendo assim as delícias de teu amado Jesus neste mundo; pois, se assim fizeres, Eu te abençoarei eternamente.

5. A coroa de brancas pérolas[10]

Mostrei-te como me apresentei ao Pombal, conheces o significado de meu manto azul, de meu véu branco e de minha túnica roxa.

Vou neste momento explicar-te que em minhas mãos trazia umas contas mais alvas do que a neve. Chamei-lhe eu coroa de minhas Lágrimas Benditas. Desejando, amada Missionária, que aproveites das lições destas brancas pérolas, vou te explicar seu significado.

Quando a meus pés vieres, para receberes força e me fitares, vendo em minhas mãos esta coroa, lembra-te o que ela te diz: Misericórdia, Amor e Dor! Misericórdia, porque Eu sou a Mãe da Divina Misericórdia e choro ante o Filho, os pecados de todos os homens. A meu Filho me apresento, dizendo-lhe: *meu Filho, tem compaixão deste [outro] filho*. Portanto, sou Mãe de Misericórdia; pois esta Coroa em minhas mãos te deve lembrar que sempre estou intercedendo diante do trono do Altíssimo pelos pobres pecadores. Oh! Missionária, quando um pecador for rebelde não te querendo dar ouvidos, vem a meus pés e pede por minhas Lágrimas Benditas. Se ele for alma de boa vontade, alcançarás de Deus a graça desta alma não se perder.

Missionária, minha Coroa das Lágrimas deve-te lembrar de meu grande amor pelos homens, portanto por tua própria alma, porque Eu não chorei somente de dor de ver meu Filho em tão lastimoso estado, eu também chorei de amor pelos homens, quando endurecidos não queriam ouvir o Divino Filho, pois, assim, não lhes dando ouvidos, se precipitam no inferno.

Portanto sendo Mãe de todos os homens e vendo muitos se perderem, chorei de amor; por isso que esta Coroa em

---

[10] 28.11.1931.

minhas mãos te lembra que minhas Lágrimas também foram derramadas por amor.

A Lágrima é transbordamento de dor e de amor, por isso meu Coração, achando-se repleto de dor, transbordou em Lágrimas! Eis, amada Missionária, o que te deve lembrar a Coroa que vês em minhas mãos. Por que lhe dei este nome de Coroa? Porque minhas Lágrimas foram coroadas por meu Divino Filho com tantos privilégios, os quais já tenho revelado ao Pombal; coroadas estão minhas Lágrimas, porque elas são Benditas e muitas gerações as exaltarão pelos benefícios que receberão por seu intermédio.

Sim, o Divino Filho coroou-as com tantos privilégios e como Jesus me disse: *Oh! Mãe, como ia deixar tuas Lágrimas no esquecimento sem lhes dar prerrogativas?*

Ah! não, não podia deixar na escuridão do esquecimento Lágrimas tão Benditas, por isso vou ao Pombal querido dar estas pérolas preciosas e que farão parte de seu patrimônio.

Assim falou-me o Divino Filho; vê, portanto, Missionária, o que te deve lembrar a branca Coroa de minhas Benditas Lágrimas. O que elas dizem a ti, alma Missionária? Dizem-te que tua Mãe te ama, que tua Mãe por ti chorou e que suas prerrogativas te pertencem; desde que a elas recorras com confiança e amor e depois saibas agradecer tão rico tesouro.

Vê, alma Missionária, como és feliz, aproveita as lições e jamais sairás de meus pés sem ter meditado no significado de tua Mãe, Nossa Senhora das Lágrimas. Bem, eu com todo o amor, digo: *Eu sou a Mãe das Missionárias.*

6. O sorriso de Nossa Senhora das Lágrimas

Quando Maria desceu ao Pombal querido, trazia em seus lábios um doce sorriso, imagem esta da imensa alegria de poder beneficiar aos homens com tão precioso tesouro!

Esse sorriso é também a imagem do contentamento que as almas experimentarão ao rezar tão consoladora Coroa. O sorriso é sempre o transbordamento de alegria e paz, por isso Maria, descendo ao Pombal querido, quis trazer em seus lábios, não só o que ia na alma, por poder entregar a seus filhos tão rico tesouro; mas, também, primeiro, quis ela fazer o que tantas almas experimentarão ao rezar tão comoventes súplicas.

Oh! Sim, Maria, beneficiando seus filhos, sorri; eis por que sua bendita imagem deve trazer um doce sorriso, que será o balsamo às chagas da pobre humanidade.

Entrego-te, no dia de hoje, este sorriso bendito de nossa grande Mãe Lacrimosa.

Mas como?! Maria Lacrimosa com sorriso?! Sim, lacrimosa porque em suas mãos entrega o que um dia chorou de dor e de amor, mas que, feliz e sorrindo, entrega como frutos dessas duas causas sublimes, a dor e o amor, origem de tantas lágrimas. Recebe, portanto, o sorriso de Maria como patrimônio da Amada Geração, e com este patrimônio os frutos de nosso zelo embriagarão as almas, dando-lhes o gosto por sua perfeição, o que para elas é uma necessidade. Sem esse embriagamento no desejo da própria santificação, a alma não alcançará a perfeição.

O sorriso de Maria constituirá para nossa geração mais uma rede, que apanhará as almas que desejarem a santidade. Recebe, portanto, em tuas mãos para nossa geração o sorriso de Maria, que é mais doce que o próprio mel, mais embriagador que os mais requintados narcóticos! Sim, é ele um narcótico que fascinará milhares e milhares de almas! Oh! doce sorriso de Maria, és também meu narcótico que me deixas embriagado de amor por Ti!

Oh! doce Mãe de meu Coração!

Recebei, filhas, os sorrisos de Maria, que esses sorrisos sejam em vossos lábios uma realidade, para que, a imitação de

Maria, possais mostrar aos homens que vos sentis felizes em poderdes trabalhar por amor de suas almas.

Isso é para nossos frutos, e quando tal fizerem, quando o sorriso neles for uma realidade como o foi nos lábios de Maria, as almas com quem trabalharem; isto é, pelos quais nossos filhos se interessarem, ficarão seduzidas, porque o sorriso de Maria a todos seduz!

Oh! quando meus discípulos se aproximavam de Maria, e ela lhes sorria docemente, suas penas desapareciam e os trabalhos mais penosos tornavam-se leves!

Que esse presente de imenso valor seja aproveitado, e que o sorriso de nossa Mãe Lacrimosa não seja esquecido por nossa Geração.

Teu doce Jesus, que hoje lhe entrega mais essa rica dádiva e joia riquíssima na salva de minhas satisfações.

7. Os meus olhos inclinados

Vou hoje explicar-te qual o motivo porque aqui me apresentei ao Pombal amado com meus olhos inclinados. Pintores inspirados me gravaram nas telas, volvendo meus olhares para o alto, quando desejaram cantar as glórias de minha Imaculada Conceição.

As glórias de minha Imaculada Conceição pertencem ao Altíssimo que, gratuitamente, favoreceu-me com tão gloriosas prerrogativas, portanto, volvendo meus olhares para o alto, significam cântico de Ação de Graças, que todos os dias dou a meu Deus por ter-me enriquecido com tal privilégio.

O que significa, porém, meus olhares inclinados [para baixo] na aparição em que vos entreguei minhas Lágrimas Benditas?

Esses olhares significam minha compaixão sobre a humanidade, trazendo nas mãos o tesouro de minhas Lágrimas! Inclinei-me sobre a humanidade, para todos poderem contemplar a minha imagem, que por meus olhos inclinados, lhes dirá que sempre Eu desci do Céu para trazer-lhe um lenitivo a seus males; pois, meus olhos constantemente estão voltados para suas penas e aflições, uma vez que saibam pedir a meu Filho pelas Lágrimas que derramei.

Quando o rico dá a esmola ao pobre e, ao mesmo tempo, lança-lhe um olhar de compaixão e de carinho, este se retira confortado em sua dor moral. Oh! Eu também sou a rica dos favores celestiais, os pobres são os pecadores e os que querem a perfeição; portanto, quando estes chegam aos pés de minha imagem, veem que os fito com olhares de compaixão e de carinho.

Se os escultores pudessem esculpir este olhar, seriam eles os primeiros a morrer de amor. O homem não é capaz de traduzir a compaixão e a suavidade de meu olhar; podem, porém, imitá-lo, ainda que de longe, para que os homens, aproximando-se de minha imagem, tenham uma pálida ideia da realidade de minha maternal solicitude.

Quanto vale o olhar carinhoso e solícito de uma Mãe sobre seus filhos! Esses olhares representam carinho, abnegação e solicitude. Olhando é que se veem os erros dos Filhos; olhando se lhes pode mostrar o amor e a afeição, porque o olhar é o transmissor das alergias e das tristezas. O olhar de uma mãe sobre seus filhos representa o farol, que conduz à pátria amada. E se essa mãe os olha com os olhos da alma, e de uma alma pura, é ela norteada pelo amor divino.

Por isso meus olhos inclinados, quando entreguei minha Coroa, são o farol de meus filhos e todos os que quiserem honrar-me em minhas Lágrimas. Sim, onde se rezar a Coroa de minhas Lágrimas, aí estarão meus olhos, como a lhes apontar o Céu, a pátria querida.

Onde se recitar com amor essas invocações de minha Coroa, aí estarei como Mãe solícita, a lhes apontar os erros, e os convidar à virtude, a lhes mostrar o Coração de meu Filho amado.

Sim, onde reinar minha imagem, onde for introduzida essa imagem querida, que tem tão alto significado, meus olhares cobri-los-ão de graças e de alto preço, dando-lhe já nesta vida a experimentar minha proteção consoladora.

Vê, como na aparição, em que trazia meu tesouro tudo tem significado.

A inclinação de meus olhos representa bem minha compaixão pelos filhos do exílio, que constantemente os contemplo e os convido a virem a mim dizendo-lhes: *vinde buscar as minhas Lágrimas, porque elas saciar-vos-ão a sede e a fome, perfumando-vos e predispondo-vos para receberdes as mercês de Jesus Crucificado.*

Sim, meus olhos inclinados são o chamar constante de meus filhos a meu regaço. São esses olhares a suavíssima harpa que convida, que fascina os pecadores e os converte para o Coração de Jesus Crucificado.

Aí, tens a explicação porque nesta aparição inclinei meus olhos sobre a humanidade, que desejo que se converta, que se salve, atraída por meus olhares, que são de Mãe complacente: *doce e cheia de Misericórdia, que deseja ardentemente agasalhar-vos debaixo de meu manto azul.*

Parte III

AS MENSAGENS DE JESUS

1. O tesouro das Lágrimas de Maria

Vou hoje falar-te um pouco das Lágrimas de minha Mãe. Bem sabes que se passaram vinte séculos[11], e essas Lágrimas ficaram guardadas em meu Divino Coração para ti as entregar!

Com essa entrega constitui-te apóstola de Nossa Senhora das Lágrimas, e bem o sei, estás pronta a dar a vida pela difusão de tão santa devoção!

Oh! ser Missionária das Lágrimas de minha Mãe é dar-me consolações inauditas, porque às Lágrimas de Maria dei valor infinito, com o qual, os que se propuserem propagá-las, terão a felicidade de roubar pecadores do dragão infernal.

O demônio tem tanto ódio das Lágrimas de Maria, por isso há de por todos os obstáculos para que elas não sejam conhecidas em seu valor diante de mim.

O mundo, como se acha infectado, tem necessidade dessas pérolas preciosas, para receber Misericórdia! E quem será capaz de me apresentar dádiva mais preciosa, e que mais me comova o Coração, do que as Lágrimas de minha Mãe? As lá-

---

[11] Foi em 1930 que Nossa Senhora, por intermédio da irmã Amália, entregou a Coroa das Lágrimas para ser rezada por toda a humanidade.

grimas de uma mãe comovem o coração de um filho por mais rebelde que seja. E como não se há de comover meu Coração, que tanto ama esta Mãe?!

Este tesouro, guardado por vinte séculos, está em tuas mãos, e com ele quantas almas já salvas das garras infernais! Oh! quando almas generosas dizem: *Meu Jesus, ouvi meus rogos pelas Lágrimas de vossa Mãe Santíssima,* meu Coração se abre e faço jorrar sobre aquela alma as torrentes de minha Misericórdia!

Todos os que se propuserem propagar as Lágrimas de minha Mãe, no Céu terão um gozo especial e a seus nomes ser-lhes-á acrescentado o de *diletíssimo.* Oh! Estes louvarão as horas em que passaram a cantar o poder das Lágrimas de Maria.

Todos os sacerdotes que se propuserem a propagar o poder das Lágrimas de Maria, seus trabalhos produzirão frutos da vida eterna, serão grandes, porque grandes coisas farão por meu amor.

Oh! quão precioso é a meu Coração o tesouro das Lágrimas de minha Mãe, porque vai me dar milhões e milhões de almas!

Teu Jesus Crucificado, que em tuas mãos depositou tão sagrado e poderoso tesouro, do qual és apóstola incansável e capaz de, por Ele, dar a vida.

Oh! felizes os que se fatigarem em falar das Lágrimas de Maria!

2. Apologia de Nossa Senhora das Lágrimas

Vou hoje te apresentar, ou melhor, entregar-te um testemunho de meu grande amor ao comovente título de Nossa Senhora das Lágrimas. A esse testemunho de meu grande amor dou o nome de Apologia de Nossa Senhora das Lágrimas.

Quem é esta que se apresentou a mim vestida de roxo, coberta com um manto azul, mais a alvura de sua candura a lhe cobrir o peito, trazendo nas mãos pérolas de alto preço? Esta, que assim se apresentou, ornada com tão ricas roupagens, trazia-me uma mensagem que Eu mesmo lhe ditara.

Filho, disse-me ela, sorrindo: *Vou entregar a um Pombal, amado de ti, o tesouro de minhas Lágrimas guardadas em teu Divino Coração, para que, com a mansidão, suas pombas conquistem as turbas.*

Maria desceu, e, ao seu doce e meigo sorriso, dei o poder de fascinar as almas missionárias.

Quem é esta que apareceu em um simples altar vestida de roxo, coberta com um manto azul, tendo seu peito coberto com a alvura de sua própria pureza e com um sorriso em seus lábios; como que querendo a todos dizer: *Vinde buscar o tesouro e sereis felizes!* Quem é esta? É minha Mãe, é aquela que, por nove meses, me trouxe em seu seio, é aquela que, com sua pureza, me alimentou e me guardou em minha adolescência.

E por que Ela se apresenta a uma Congregação nascida ontem, quando existem tantas outras e tão ricas em virtudes? Quais as razões por que se dá esse fenômeno divino? A razão é porque Eu tenho sede de almas, e esta, abrasando-me o peito, [igual] me fez dizer a Margarida [Alacoque] e tantas outras almas amantes: *Vede como amo os homens e por eles sou rejeitado e ultrajado! Esse é o motivo por que fiz baixar minha própria Mãe a uma Congregação, que desde o berço estava destinada à catequese de meu povo, deste povo, que amo com tanto amor e amor infinito! Eis a razão de fazer baixar a este Pombal ainda em seu berço, minha Mãe, que, nas suas mãos, tem todos os meus tesouros, e mais os de suas Lágrimas de Amor e de Dor, imagens vivas destes dois elos que a fizeram viver e morrer.*

Mas por que fiz assim descer minha Mãe? Seria necessário isso para o querido Pombal progredir? Não; porém Eu, desejando exaltar minha Mãe e que todo o bem que eu faço passe por suas mãos, não quis que nesta obra destinada a fazer grandes coisas, pela minha graça e por meu amor, que minha Mãe deixasse de ser a portadora de meus favores a esta geração bendita, que destinada está, por minha vontade divina, a fazer prodígios no meio das gentes e isso por minha graça e por meu amor.

Minha Mãe assinalou nossa obra com sua presença, dando-lhe a mercê de Eu poder chamar esta obra, obra de predileção. Sim, onde Maria, minha Mãe se acha, ali está meu Coração de um modo especial; portanto esta obra mariana é obra de predileção de minha vontade divina, que a idealizou e que minha Mãe, com a sua presença, a tornou predileta de meu Coração.

Minha Mãe, descendo ao Pombal querido, fez nele um trono, donde todos os dias chama meus olhares complacentes, fazendo-me sobre ele derramar graças em profusão! Mas por que isso? Porque Ela assentando seu trono nesta Congregação, aí coloquei meu Coração. Mas por que aí Ela assentou seu trono? Porque Ela, perscrutando meu ardente Coração, sentiu suas palpitações, e viu que elas são aceleradas pela fome que tenho de almas apóstolas, de almas que, em seu esquecimento próprio, dediquem-se à salvação de meu povo, que tanto necessita de luz e conselho para trilhar o bom caminho. Eis a causa primordial pela qual minha Mãe desceu ao Pombal querido.

Esta Mãe acha-se em seu trono feito por vossa correspondência, pois seus alicerces são feitos pela Santa Humildade, berço bendito, onde as almas nascem para a santidade.

Maria, descendo ao Pombal, assegura, a seus membros e aos que a estes se associarem, graças de predileção, porque, como disse, onde está minha Mãe, está meu Coração.

Por isso quem se abrigar aos muros deste Pombal, pode ficar certo que terá por teto o manto azul de Maria, que quer dizer: *proteção*. Terá mais, terá como alimento os merecimentos de suas grandes dores e como manjar de raro gosto sua pureza, que repartirá com amor, dando, como prêmio, o tesouro bendito de suas Lágrimas agraciadas com valor divino.

Sim, Maria descendo ao Pombal garante a seus moradores e a seus associados, isto é, a seus cooperadores, tudo quanto Ela trouxe de rico em sua missão. Ainda mais, garante a essas felizes almas meu Coração, dando-lhes seu próprio sorriso, que significa paz e alegria, o que nelas fará germinar o desejo da santidade, para a qual chamo todos os membros desta geração. E, minha Mãe, tendo seu trono nesta geração, será cercada por esta falange de almas santas, que constituirão sua mais bela corte, que lhe entoará seus louvores, dizendo-lhe: *Salve, Mãe bendita, Nossa Senhora das Lágrimas; bendita a hora em que desceste ao Pombal querido, hora em que lhe garantistes os olhares complacentes do Divino Crucificado.*

Sim, esta falange de almas cantará as glórias e os triunfos daquela que chamais Nossa Senhora das Lágrimas, e que é minha Mãe amadíssima.

Eis a apologia simples e sublime de tua *Nossa Senhora das Lágrimas*.

3. As Lágrimas de Maria serão exaltadas

Filhos do exílio, vinde a Maria que ela é vossa Mãe. Todos os que tendes necessidades, vinde a Maria que ela é vossa Mãe.

Quando, no alto da Cruz, suspenso entre o Céu e a Terra agonizava no meio de dois ladrões, Maria, a Mãe querida, chorava, Eu lhe disse: *Maria, eis aí teu filho,* como se nele visse toda a humanidade. Chora, minha Mãe, chora por muitos, chora pelos ingratos que não me hão de amar! Um dia, oh! Mãe querida, as tuas Lágrimas benditas hão de beneficiar o mundo, e a todos que pronunciarem esta palavra consoladora:

"*Meu Jesus, ouvi nossos rogos pelas Lágrimas de vossa Mãe Santíssima*", hei de abrir meu Coração como abrigo seguro.

Oh! Maria, oh! minha Mãe querida, não choraste em vão, tuas Lágrimas benditas ao mundo hão de beneficiar! Quantas mães, quantos órfãos hão de consolar! Quantas viúvas, quantos pobres deserdados da sorte hão de receber conforto ao pronunciarem esta bela e encantadora palavra: *Meu Jesus, ouvi nossos rogos, pelas Lágrimas de vossa Mãe Santíssima*.

Quantas donzelas castas e puras, em perigo de se perderem, ao pronunciarem esta tão bela e encantadora palavra: *Pelas Lágrimas de vossa Mãe Santíssima, tende compaixão de nós*. Essas donzelas adquirirão forças para não caírem, para não sucumbirem às armadilhas do tentador. Quantas religiosas, esposas amadas, prestes a perderem seu fervor primitivo, ao pronunciarem estas belas e encantadoras palavras: *Meu Jesus, pelas Lágrimas de nossa Mãe Santíssima"; sentir-se-ão fortalecidas.

Em verdade vos digo a todos vós que invocardes meu auxílio pelas Lágrimas de minha Mãe, coisa alguma vos posso negar, porque as Lágrimas de minha Mãe tocam a fibra mais íntima de meu Coração. Oh! vós todos que sofreis, vinde a Maria, vinde a Maria, vinde a Maria, que ela é vossa Mãe. Por vós, ela chorou e suas Lágrimas benditas, hei de exaltar com grande confusão para o inferno e para seus sequazes neste mundo. Hei de exaltar, hei de exaltar as Lágrimas de Maria, custe o que custar.

O zelo de muitos apóstolos, certamente, muito há de custar para maior brilho destas Lágrimas benditas! O inferno se há de revoltar! Oh! Maria, minha Mãe querida, benditas sejam tuas Lágrimas. Oh! Maria, minha Mãe querida, bendita entre todas as mulheres, benditas são tuas Lágrimas, porque elas esmagaram a cabeça infernal e a hão de esmagar sempre que ela se levantar para amofinar meus eleitos, meus amados! Tu te enganas, o inimigo, jamais pudeste vencer Maria. Ciladas lhe armaste sem conta, ela sempre te soube esmagar e até o fim te há de esmagar...

Oh! filhos amados os que lutares, vinde a Maria que ela é vossa Mãe; nas mãos tem rico tesouro e com ele vos há de enriquecer. Vinde a Maria e não temais. Maria é vossa Mãe. As chaves de meu Coração lhe pertencem, portanto vinde a Maria e não temais.

Oh! vós todos os que sois perseguidos por minha glória, vinde a Maria, com o merecimento de suas Lágrimas benditas sereis fortes e jamais criatura alguma vos vencerá. Vinde a Maria, vinde a Maria que ela é vossa Mãe, Oh! vós todos que tendes necessidade de Mãe.

4. O farol à meia-noite[12]

Perguntei um dia ao bom Deus: "Por que certas almas que vivem no vosso Amor temem a morte? Não é ela a porta do Paraíso?" Eis que o bom Deus me respondeu: Minha filha, a morte é temível porque ela é castigo do pecado; é temível em si, mas escuta o que lhe vou dizer... Eis que há um farol que ilumina: *Minha Mãe!* No meio das vascas da morte, quando o inimigo se levanta com mais ferocidade para roubar-me estas almas queridas, eis que minha Mãe, no meio deste mar encapelado, brilha, qual luzeiro luminoso, e mostra-lhes que é Mãe também dos pecadores! Mãe dos aflitos! Mostra-lhes que ela é minha Mãe, e que há de advogar sua causa ante o tribunal das contas!

Ah! filha, o que quero te explicar não é bem isso! O que quero te dizer é que se meus filhos, quando rezam, rezassem bem, não temeriam a morte!

---

[12] 17.7.1930.

Quando recitam *Santa Maria, Mãe de Deus, rogai por nós pecadores, agora e na hora de nossa morte*; ah! se rezassem bem na vida, não temeriam a morte!

Ah! quem é verdadeiro devoto de minha Mãe morre com o sorriso nos lábios, porque ela assiste na hora da morte a todos os meus filhos. A seus devotos ela sorri, porque nessa hora suprema os verdadeiros devotos seus já têm a ventura de a ver; aos pobres pecadores, porém para não morrerem impenitentes, ela vem assistir para ver se ainda consegue abrandar seus corações empedernidos, pois, esses pobres não têm a ventura de a ver, porque se acham no pecado!

Ah! minha filha, quão bom é ser devoto de minha Mãe! Como me alegram os corações que nela confiam, porque ainda tenho a esperança de os salvar! Sim, quem confia em minha Mãe não pode cometer o pecado, porque quem ama a Mãe não quer desprezar o Filho. Além disso, quem confiar nela, já me ama, porque não se pode confiar em quem não se conhece, e quem conhece as qualidades de Maria tem de me dar honra e glória, porque tudo que pertence a Maria é meu, fui eu que assim a preparei!

Oh! Mãe, que tanto amo e na qual acho minhas delícias.

Ah! como é bom conhecer minha Mãe!

Quem conhecer esta Mãe amável e a invocar na vida com confiança, no meio dos estertores da agonia, encontrará este farol luminoso, que lhe mostrará as portas do Paraíso.

Jesus, sempre Jesus amável.

5. O amor, o mais erudito dos mestres[13]

Amadas esposas, vou hoje vos mostrar que se estiverdes atentas às inspirações do Divino Amor, sereis doutas em minha própria Sabedoria!

---

[13] 08.10.1931.

Bem-aventurados os que tiverem como mestre o Amor. E sabeis por quê? Porque o amor leva a alma ao sacrifício, e onde está o sacrifício está Deus. Sim, Eu já vos provei como Eu só me acho no sacrifício, porém quem é capaz de levar a natureza e a própria alma a se sacrificar? Somente o amor é capaz de levar o homem a abraçar o que tanto lhe repugna – o sacrifício!

Sabeis que o homem foi criado para gozar, portanto o sacrifício é uma lei contrária às inclinações do corpo e da alma.

Eis por que o sacrifício é um cálice amargo!

Eu mesmo o disse no Getsemani: *Meu Pai, se é possível, afasta de mim este cálice!*

Amadas esposas, depois da queda de Adão e Eva, foi imposta esta lei do sacrifício, para que por esta via o homem se humilhasse e fizesse penitência de seu pecado: *Com o suor de tua fronte comerás o pão;* esta lei Eu mesmo a vim confirmar, tomando sobre mim todas as iniquidades, expiando-as em minha humanidade e em minha alma.

Abracei esta lei do sacrifício, porque dentro de mim havia a voz do amor, que me dizia: *Amo os homens*; eis por que, apesar de me repugnar esta lei, abracei todas as humilhações, todos os opróbrios e todas as dores, para cumprir o que estava escrito que Eu seria chamado o Homem das dores!

Amadas esposas, porque o amor assim me impulsionou a abraçar a lei do sacrifício, deixei de sofrer? Ah! não, o amor não diminuiu a repugnância pela dor, nem tão pouco a intensidade da dor, mas o amor me deu uma sede ardente de me sacrificar, para mostrar-vos a intensidade deste mesmo amor!

O sacrifício é o transbordamento do amor, e posso-vos provar o que vos digo. Não vedes quando duas pessoas se amam? O que fazem? Sacrificam-se uma pela outra. É nesse sacrifício que vós conheceis que na realidade se amam, portanto o amor é o mais erudito dos mestres, e posso vos dizer, é o único mestre que leva o homem a se sacrificar! Sendo, como já vos disse, o homem destinado a gozar, não pôde abraçar a lei contrária – o sacrifício, se dentro de si não tiver a força misteriosa do amor. Oh! que força possui o verdadeiro amor, capaz de feitos heroicos!

Vede, amadas minhas, o que ledes nas vidas dos grandes santos. Ficais pasmas, quando contemplais esses herois, esmagando suas paixões e revolvendo o mundo com seus prodígios.

Tais homens são capazes disso por si mesmos? Como podem operar tantas maravilhas com prejuízo de seu bem-estar, de suas comodidades e de sua honra?! Quem lhes dá essa força misteriosa? É o amor, é somente o amor que os faz arder nesta febre divina! São capazes de loucuras, sim, de loucuras divinas!

Eu fui o primeiro louco, Maria foi a segunda louca, sim, deste amor divino! Quem deu força a esta delicada donzela, tão tenra em idade, para deixar seu querido Filho ir ao encontro da própria morte? Foi a loucura do amor que lhe deu esta força indômita, esta força misteriosa, para se calar quando me viu na via dolorosa do Calvário!

Oh! minhas amadas, se não fosse o amor, Maria teria zombado dos soldados, e, lançando-se sobre mim, teria tirado a Cruz de meus ombros! Oh! sim, Maria não teria resistido; mas, eis que dominada pelo amor, calou-se, abafando sua grande e imensa dor, acompanhou-me passo a passo, em minha loucura da Cruz, onde ia patentear à humanidade meu grande amor, minha loucura de amor!

Oh! o amor é o único capaz de mover o coração a abraçar o sacrifício, porque o amor é fogo, o amor é luz, o amor é vida da alma. O amor é fogo fazendo movimentar esta máquina de todo vosso ser, dando assim ao coração energias para abraçar a lei divina. O sacrifício não é minha lei? Sim, o sacrifício é minha lei; por isso, depois do pecado, só o amor é capaz de abraçar o que repugna! Oh! minhas amadas, se amais na realidade a um ente vosso, ainda que ele vos cause repugnância, por motivo de uma moléstia, vós lhe proporcionais todos os cuidados. Vede o amor abraçando o sacrifício! Portanto o amor é fogo que movimenta o coração e o faz abraçar o que lhe repugna!

O amor é luz, porque o amor humano faz ver, na pessoa que se ama, qualidades que, às vezes, não existem; entretanto, o amor divino vos faz ver como sou bom, como sou amável em mim mesmo.

Esse amor, que é luz, faz-vos compreender-me, e tudo que se compreende, aprecia-se melhor; portanto se esse divino Amor vos faz ver o que vos tenho preparado, chamando-vos para a vida perfeita, proclama-vos bem-aventuradas. Essa luz que dimana[14] do amor, faz-vos ver como tudo passa neste mundo, como tudo é vaidade! Só não é vaidade o amar-me.

Oh! como é belo o amor, como é bela essa luz, que dimana do verdadeiro amor.

O amor é vida, sim, meu amor dá a vida à alma, dando-lhe forças para esmagar os inimigos e abraçar com alegria os sacrifícios, que esse esmagamento acarreta!

Vede, amadas minhas, como tenho razão de vos dizer que o amor é o mais erudito dos mestres, não havendo outro capaz de dar lições que ele dá!

---

[14] Flui.

Contemplai a religiosa tíbia e sem amor. Ela não é capaz de um pequeno sacrifício, tudo acha difícil, tudo lhe custa, porque, em seu coração, não tem este mestre – o amor; e se o tem é muito pouco e morno, por isso será ela lançada para longe de mim! Oh! não posso admitir uma religiosa tíbia e morna, porque é incompatível com este nome sublime – esposa de um Deus!

A esposa de um Deus Crucificado, que não abraça o sacrifício, não se iluda! Esposa de um Deus, quão sublime e admirável é este belo título; porém não vos iludes; ai de vós se o fordes só de nome, sereis fulminadas de mim mesmo! Eu sou o Deus da verdade, e não penseis que desejo ver-vos na ilusão. Por ventura não sou bom? Bem o sabeis, quantas vezes isto vos tenho dito: *Sou bom, sou Misericordioso, ajudo a quem a mim recorre*, porém se abusardes de meu infinito amor, se não derdes ouvidos a meu grande amor, que vos diz: *Sede perfeitas*, trabalhai para isto com vossa boa vontade, pois se abusardes, se vos fiardes em razões tomadas às pressas e sem reflexão, se confiardes em umas confissões sem propósito, e viverdes afobadas, e se não nutrirdes os desejos, que devem dominar os corações de minhas amadas, mansas, humildes, pacientes, caridosas, puras e cumpridoras de vosso sagrado dever, se por amor não abraçardes as penas cotidianas, ainda que com repugnância, não aceito vosso sacrifício.

Fique aqui bem claro que o sentir repugnância não é um mal, ao contrário, será um bem, porque aceitar o sacrifício com sacrifício é um bem duplicado. Com efeito, Deus não pode aceitar o sacrifício cheio de reclamações e censuras, e contrariedades! Esse sacrifício, em verdade, perdeu todo o seu valor, diante de mim, mas o sacrifício que custa e que a pobre alma faz no silêncio de seu coração, violentando-se para me o ofertar, na verdade vos declaro, esse sacrifício o cumularei de bênçãos, guardando-o para a vida eterna e para gozo de quem me o ofertar.

Oh! minhas amadas, abraçai, com verdadeira satisfação, estas palavras saídas de minha Infinita Misericórdia; meditai-as todos os dias, quando estiverdes fracas, pois, em verdade, vos digo, se isso fizerdes sereis perfeitas. São estas palavras de Misericórdia, guardai-as em vosso coração e em vossa alma, e Eu vosso Jesus, que sou vosso Tudo, vosso Esposo amantíssimo, vos dou tudo isso por Maria.

Pedi a Ela que vos dê os merecimentos de suas Lágrimas, para que possais compreender estas palavras de Misericórdia.

Pelas mãos de Maria, do Reino da Misericórdia.

Via a confiança.

6. As pérolas do Calvário[15]

Vinde, filhos do exílio, *vinde subir as escarpadas do monte Calvário*, onde vos desejo mostrar as pérolas preciosas, com tanto preço adquiridas para vossas almas! Sim, elas custaram-me dor infinita, quando no alto da Cruz pregado me achava!

Como não me haviam de custar dor infinita, vendo a Mãe, que tanto amava, derramar Lágrimas e com tanta angústia!

Sim, amados meus, as Lágrimas de minha querida Mãe me custaram tanto! Qual é o filho que vendo sua mãe chorar não fica também torturado?

Eis, amados meus, por que vos disse: *Vinde buscar as pérolas preciosas*, estas pérolas são as Lágrimas de minha Mãe, derramadas em horas tão benditas!

Disse-vos: *Subi as escarpadas do monte Calvário para buscá-las*; sim, amados de meu Coração, é preciso subir, o que quer

---

[15] 25.4.1931.

dizer desprezar o mundo com suas mentirosas promessas; mais ainda, é preciso subir acima de suas inclinações e vontades, para depois poder recolher em sua alma as pérolas preciosas, que são as Lágrimas de minha Mãe.

Falo-vos aqui espiritualmente, porque Meu Reino é todo Espiritual. As Lágrimas de Maria não são a simples água derramada de seus olhos puríssimos, mas sim o fruto dessas lágrimas, o que desejo que recolhais não é a água que saiu de seus olhos, ah! não; o que desejo que recolhais é o fruto de suas angústias, porque foi a dor de sua alma e de seu coração maternal que lhe fizeram derramar tantas lágrimas, quando aos pés da Cruz se achava.

Vede, amados de meu Coração, que Maria chorou não por simples desabafo; mas porque a dor de sua cândida alma havia chegado ao ponto de tirar-lhe a vida do corpo, porque sua dor foi a medida de seu amor por mim, por vós, e em sua alma já se aninhava esse grande amor por todos os filhos, pelos quais Eu padecia no alto da Cruz!

Amados de meu Coração, quando contemplardes Maria lacrimosa, entrai no âmago de sua alma e vereis que vós ali estáveis e que por todos vós chorou! Sim, ela chorou pelos justos e pecadores; pelos pecadores porque endurecidos não queriam se converter, apesar de me verem pregado em uma Cruz; pelos justos para mostrar-lhes a ternura de seu Coração em seu favor.

Vede, amados de meu Coração, porque vos tenho dito que as Lágrimas de Maria me são tão caras e por elas obtereis o que desejais, porque essas Lágrimas foram derramadas por tão nobre causa!

Agora desejo falar-vos como deveis fazer para aproveitardes dessas Lágrimas benditas, para a reforma e santificação de vossa vida. Vede que vos disse que são pérolas; sim, pérolas quer dizer preciosas; portanto Eu, vosso Esposo amantíssimo, desejo que não desperdiceis nenhum favor, que com tanta solicitude vos foi dado.

O que fazer, direis vós, para aproveitarmos e sabermos recolher essas pérolas em nossas almas?

Primeiramente, como já vos disse, é preciso *desprendimento de si e de todos;* segundo, é preciso *meditar qual a causa por que essas lágrimas foram derramadas.*

Porque foram derramadas essas lágrimas, já vos disse, pelos pecadores e justos; porém o que vos desejo falar neste momento para que bem aproveiteis, é que Maria chorou por vossas almas dizendo-vos: *Oh! filhas amadas, comprei vossas almas com minhas lágrimas, cooperando com o Divino Filho em vossa redenção, Ele derramou seu sangue e Eu derramei minhas lágrimas.*

Sim, vou deixar Maria vos falar, aproveitai de suas santas lições; não desperdiceis suas palavras amorosas!

Amadas de meu Coração, Jesus, sempre bom e infinitamente generoso, deseja que eu fale as vossas almas, que vos mostre porque Eu choro por vós, para que, ouvindo-me, aprendais a serdes generosas, correspondendo, assim, sua bondade infinita.

Filhas amadas que me ouvis, estamos no tempo aceitável da Misericórdia, portanto vou vos falar, porção querida, como chorando no alto do monte Calvário, chorei por vossas almas. Vendo, amadas minhas, que apesar de Jesus estar estendido em patíbulo de infâmia para mostrar aos homens seu infinito amor, muitos não o compreenderiam e cegos passariam por este vale de lágrimas, sem aproveitar de seu Sangue Divino, olhando para os séculos vindouros, vi almas apóstolas, cheias de santo zelo, dizerem aos homens: "Vamos ao Calvário, vamos ver como Jesus nos ama".

Vendo isso chorei, não de tristeza, mas, sim, de santo gozo, por ver que a Misericórdia de meu Filho ia ser compreendida e proclamada. Vede, como tenho razão de dizer-vos que chorei por vós. Sim, chorei por vós, vendo que vós haveis de falar da bondade infinita de meu Filho, de seu sempre perdoar, de seu eternamente amar!

Como deveis aproveitar de minhas lágrimas, lembrando-vos que Maria por vós chorou não de tristeza, mas de santo gozo; portanto, chorando de gozo, deveis com mais entusiasmo trabalhar para serdes verdadeiramente Apóstolas da Divina Misericórdia. Ah! por piedade, que Eu não tenha de chorar porque vós não me quereis ouvir e não vos quereis amoldar a meus ensinamentos.

Que Eu não tenha a grande decepção de dever bater em outra porta, como quando procurava uma estalagem para o Menino nascer! Sim, não me deram pousada e tive de dar à luz ao Menino Deus em meio aos animais! Que isso não aconteça convosco.

Vede bem, aproveitai de minhas Lágrimas, lembrando-vos de praticar os santos conselhos desta escola de mansidão e infinito perdão. Esta escola, ou melhor, este noviciado é todo de amor e infinito perdão.

Sede, primeiramente, umas para com as outras, o que nós somos uns para com os outros no Paraíso, caridade e sempre caridade, perdão e sempre perdão!

É essa a escola do Divino Crucificado; o Mestre exige isso de vós para depois levardes a Boa-Nova por toda a parte.

Vede que é Jesus Crucificado, o Esposo amantíssimo de vossas almas, que assim me diz para vos falar. Minhas Lágrimas benditas vos obrigam, por amor, a serdes generosas, matando tudo que é vosso, para Jesus, e Jesus Crucificado viver em vós, mas não crucificado por vossas imperfeições, ah! isso não! Dizendo-vos: "Jesus Crucificado", viver em vós quero com isso significar que é Jesus Crucificado que deveis pregar, isto é, Jesus Misericordioso e infinitamente bondoso.

Sim, amadas de meu Coração, quando olhardes para vosso Esposo na Cruz, lembrai-vos que Ele vos diz: "Vê como sou Misericordioso e como deveis falar de minha Misericórdia! Por amor me deixei pregar neste duro madeiro".

Sim, amadas de meu Coração, as pérolas do Calvário por amor vos obrigam a falar da Misericórdia do Divino Crucificado.

Aproveitai bem delas e lembrai-vos que cada vez que olhardes para mim aos pés da Cruz, que minhas Lágrimas vos dizem: "Vê, filha, o Divino Crucificado que te pede, fala de meu sempre perdoar e eternamente amar!"

Não vos esqueçais destas minhas palavras: "Aproveitai das Pérolas do Calvário e Eu vos abençoarei eternamente".

Maria, Mãe de Jesus e Tesouro vosso.

Do Reino da Misericórdia.

7. Sob o olhar de Nossa Senhora das Lágrimas
Via-sacra do verdadeiro amor[16]

1ª estação: a condenação

Meu adorável Jesus, prostrada nesta primeira estação do caminho do Calvário, suplico-vos ensinar-me e a verdadeira ciência.

Minha filha, neste primeiro quadro me vês recebendo a sentença de Pilatos, que me condenou à morte de Cruz! O que te diz este quadro no dia de hoje? Dizes-te que, assim como teu Jesus foi condenado à morte, tu também deves desejar ser condenada. Mas qual a condenação que Eu desejo te dar?

É a de me amares loucamente, assim como Eu te amo. Oh! se não te amasse loucamente não me sujeitaria à condenação de meus súditos. E porque meu Amor é infinito, permiti que me levassem aos tribunais para neles ser julgado como um simples homem.

Oh! alma que me contemplas, grava em teu coração minha sentença de amor, é isso que te peço, porque, amando-me, poderás chegar à santidade.

Meu Senhor e meu Deus, como agradecer-vos tanta bondade, pobre como sou! Oh! minha Mãe das Lágrimas, gravai

---

[16] 23.12.1932.

65

em meu coração e em minha alma a sentença de amor de Jesus para que, de hoje em diante, ame a meu Deus de todo o meu coração, só a Ele servindo e tudo lhe dando por vossas santíssimas mãos. Isso vos suplico pelo valor de vossas santíssimas Lágrimas.

2ª estação: no caminho do calvário

Adoro-vos, meu Jesus, que, por vosso santo Amor, derramastes vosso precioso Sangue por mim!

Meu adorável Jesus, nesta segunda estação vos vejo abrindo vossos santíssimos braços para receberdes uma tremenda humilhação – A Cruz. Que me dizeis, oh! meu Jesus, neste momento tão humilhante para vós e tão precioso para mim?!

Alma que me contemplas, é o amor que te peço no dia de hoje, porque é o amor que te dará forças para abraçar cada dia as pequenas cruzes, que encontrares no desempenho de teus sagrados deveres! Se me amares, minha imitação, abrirás os braços para as cruzes de cada dia, e dirás como tantos disseram: "Oh! Cruz bendita, sê bem-vinda, porque tu és a portadora da felicidade".

Meu Jesus, recebendo a cruz, dai-me a graça de bem compreender vossas lições de amor, para que cada dia saiba abraçar as cruzes que vossa paternal bondade me enviar.

E vós, Virgem Santíssima, minha Mãe das Lágrimas, ensinai-me a amar a cruz de cada dia, para que assim possa, no futuro, estar a vosso lado, louvando a meu Deus, que é todo Amor.

3ª estação: a primeira queda

Adoro-te, meu Jesus, que, por vosso santo Amor, derramastes vosso precioso Sangue por mim.

Meu adorável Jesus, nesta terceira estação, vos vejo caído por terra! Oh! meu Deus, onde estão os anjos?

Alma que me ouves, assim deixei minha humanidade por terra, porque queria dar-te uma sublime lição! Dizei-me, Senhor, qual esta admirável lição que me desejas dar.

Escuta, grava em teu coração e em tua alma.

O espírito está pronto, mas a carne é fraca! Exausto pela perda de sangue na dura flagelação, já não tinha forças para carregar a pesada Cruz, porém o Amor que me ia na alma deu-me novas energias e levantei-me, retomando, de novo, a Cruz. Eis a lição admirável que hoje te desejo dar. Quando estiveres exausta pelas fadigas do exílio, procuras em teu coração o amor que me consagras, será ele a força para retomares a cruz e seguir-me na via dolorosa.

Meu adorável Jesus, que essas lições de vosso santo Amor fiquem gravadas em minha alma e em meu coração, para que, assim, possa-vos imitar nesta vida, e um dia vos louvar eternamente.

Virgem Santíssima, minha Mãe das Lágrimas, gravai em meu coração e em minha alma as lições de Jesus. Isso vos suplico, pelas penas de vossa alma, as quais Vos fizeram derramar abundantes Lágrimas.

4ª estação: Jesus encontra-se com sua Mãe

Adoro-te, meu Jesus, que, por vosso santo Amor, derramastes vosso Precioso Sangue por mim.

Meu adorável Jesus, vejo-vos, nesta quarta estação, do caminho doloroso do Calvário, vergado sobre um madeiro pesadíssimo. Além desse enorme peso, neste quadro, contemplo-vos com o coração despedaçado por uma espada cruel ao encontrardes vossa terna Mãe com a alma angustiada, por ver-vos assim tratado! Meu adorável Jesus, qual é a lição que devo aprender neste comovedor quadro?

Alma que me ouves, é do amor que estamos falando! Nesta cena tocante, desejo dar-te uma lição admirável, lição que Eu pratiquei primeiro. Ah! ao encontrar-me com minha santa Mãe, podia, como

Deus, largar minha Cruz e ir a seu encontro, lançar-me em seus braços maternos; mas, assim não fiz, deixei-a em sua grande dor e continuei minha trajetória! Será que meu coração foi insensível às penas de tão Boa Mãe? Ah! não. Por que então assim procedi? Foi porque a lei do Amor é o Sacrifício.

Amando-te infinitamente não me poupei, nem poupei minha Mãe, porque suas penas irão mais tarde servir para beneficiar seus pobres filhos. Vê, alma que me ouves, a lição admirável que hoje te dou. Quando se ama tudo, sacrifica-se pelo objeto amado. Quando eu, que sou teu Amado, pedir-te um sacrifício, se este te custar, lembra-te desta admirável lição de meu generoso Amor, que não me deixou poupar-me, nem poupar minha Mãe, a criatura que mais amo.

Meu adorável Jesus, gravai em meu coração e em minha alma tão santas lições, para que tudo sacrifique aos ditames de vosso santo Amor; e vós, oh! Virgem Santíssima, minha Mãe das Lágrimas, suplico-vos, pela dor que experimentastes neste doloroso encontro, que me deis a energia necessária para cumprir os ditames do amor de meu adorável esposo, Jesus Crucificado.

5ª estação: Cirineu ajuda Jesus a levar a cruz

Adoro-vos, meu Jesus, que, por vosso santo Amor, derramastes vosso precioso Sangue por mim. Meu adorável Jesus, vejo-vos nesta quinta estação, precisando do auxílio de uma pobre criatura, vós que sois o Deus dos exércitos! Que lição me dás aqui, adorável Jesus? *Alma que me ouves, teu Jesus sujeitou-se ao auxílio de uma pobre criatura, para dar-te mais uma admirável lição de Amor! Sim, foi o Amor que me levou a esse ato de humildade, de precisar do auxílio de um pobre homem que me ajudou a carregar a Cruz, não por amor, mas, sim, por força, pois foram os soldados que o obrigaram a me ajudar!*

Meu adorável Jesus, que lição devo aprender a vista dessa cena tão humilhante e tão edificante?

Alma que me ouves. A lição que aqui desejo que aprendas é que, quando vergada sobre o peso de uma dura provação, aceites o auxílio das criaturas por meu amor, lembrando-te de que teu Deus não se envergonhou de precisar de uma simples criatura, e isto não por amor, mas por força.

Meu adorável Jesus, gravai em meu coração e em minha alma tão santas lições, para que possa vos imitar, aceitando o auxílio das criaturas, para cada vez mais me elevar até vós.

Virgem Santíssima, minha Mãe, suplicando-vos por vossas benditas Lágrimas, dai-me graça de bem compreender as lições de Jesus.

6ª estação: Verônica enxuga o rosto de Jesus

Adoro-te meu Jesus que, por vosso santo Amor, derramastes vosso precioso Sangue por mim.

Meu adorável Jesus, nesta sexta estação da trajetória de vosso Amor, contemplo-vos com a face amortecida e toda coberta com vosso precioso Sangue, o qual não vos deixa ver o caminho! Mas, Oh! meu Deus! uma santa mulher, ao contemplar-vos em tão lastimoso estado, vai a vosso encontro para limpar-vos a face! Oh! meu Jesus, que lição aqui me dás?

O amor que me levou a deixar que os algozes desfigurassem a beleza de minha face, também me levou a dar permissão a uma mulher que limpasse esta mesma face, que é a alegria dos Anjos e dos Santos. Essas lições de Amor dizem-te que também por amor limpes minha face até o dia de hoje ultrajada por tantos pecadores e ingratos. Limpa, sim, minha face na alma dos pobres pecadores, com o véu de teu generoso amor, e em troca dar-te-ei no Paraíso a felicidade de contemplares minha Sagrada Face.

Meu adorável Jesus, fazei que eu compreenda vossas lições de Amor, para que neste mundo seja, na realidade, vossa Verônica por Amor, para, um dia, poder contemplar vossa Face adorável.

69

Virgem Santíssima, minha Mãe, pedindo-vos pelo valor de vossas benditas Lágrimas, fazei-me semelhante a vós para alegria de nosso Jesus e meu adorável esposo.

7ª estação: a segunda queda

Adoro-te meu Jesus, que, por vosso santo Amor, derramastes vosso precioso Sangue por mim.

Meu adorável Jesus, segunda vez vos contemplo vergado sob o peso esmagador do madeiro, que ides levando para nele serdes crucificado! Oh! Meu Deus, como são pesados meus pecados e os de toda a humanidade, pois eles vos fazem cair por terra! Ensinai-me, adorável Esposo, ensinai-me o que devo evitar e como devo ser generosa para vos ajudar a levar almas a vosso Divino Coração. Falai, Senhor, dizei-me qual a lição que minha alma está necessitando para cada dia mais Vos amar.

Alma, que me ouves e me contemplas vergado sob o pesado madeiro de todas as iniquidades da humanidade, meu Coração te diz: "Ama-me e terás força de carregar tua cruz de cada dia, e quando caída sob o peso dela, lembra-te que Eu, por teu amor, levantei-me, retomando a Cruz para sofrer até o fim! Aprende a não desanimar no caminho do Calvário, que é o caminho de tua perfeição. E, se um dia sentires o peso da Cruz, lembra-te de teu esposo, que três vezes caiu e três vezes se levantou impulsionado pelo Amor que por ti me ia ao coração".

Meu adorável Jesus, que lições admiráveis me dais nesta segunda queda! Fazei que as grave em minha alma e que elas me produzam frutos de vida eterna.

E vós, oh! Virgem Santíssima, minha Mãe das Lágrimas, dai-me vosso auxílio para que dê cumprimento às palavras de Jesus, que são palavras de Amor. Isso vos suplico, pelo valor de vossas benditas Lágrimas.

8ª estação: Jesus consola as mulheres de Jerusalém

Adoro-te, meu Jesus, que, por vosso santo Amor, derramastes vosso precioso Sangue por mim.

Meu adorável Jesus, nesta oitava estação, contemplo-vos consolando com vossa caridade umas mulheres que choravam, vendo-vos em tão lastimoso estado. Oh! meu Jesus, qual é a lição que dais a minha alma à vista deste quadro de vossa vida?

Alma que me ouves. É meu Amor que aqui te ensina a seres compassiva para com todos, especialmente para os que sofrem! É o amor que torna o coração sensível à vista dos sofrimentos do próximo. Além dessa admirável lição de Amor, nesta passagem de minha vida deves aprender a te compadeceres dos pobres pecadores, pois foram eles a causa de meus padecimentos e são eles meus interesses. Sim, foi para resgatar os cativos do pecado que desci ao mundo para padecer e morrer em uma dura Cruz. Aprende a seres compassiva para com os que sofrem e a amares as pobres almas, que vivem no pecado, porque elas me custaram todo o meu Sangue!

Meu adorável Jesus, gravai em minha alma tão santas lições, isso vos suplico por vossa infinita caridade.

E vós, Oh! Virgem Santíssima, minha Mãe das Lágrimas, dai-me vosso coração compassivo para que assim possa ser uma alma agradável a Jesus, fazendo em tudo sua Santíssima Vontade, isso vos suplico por vosso amável Coração.

9ª estação: a terceira queda

Adoro-te, meu Jesus, por vosso santo Amor, com que derramastes vosso precioso Sangue por mim.

Meu adorável Jesus, nesta nona estação vos vejo pela terceira vez caído por terra! Oh! meu Deus, aqui vos contemplo osculando a terra sem proferirdes queixa alguma! Dizei-me, Senhor, qual a lição que aqui devo aprender?

Alma que me ouves, é meu Amor que te vai dizer qual o motivo de me veres caído por terra. É meu infinito Amor por tua alma que me levou a tantos sofrimentos, a ponto de seu peso lançar por terra minha humanidade! Sim, só o Amor é capaz de levar a tanta humilhação para mostrar ao objeto amado até onde chegam suas labaredas, que só são saciadas no sacrifício.

Meu adorável Jesus, que lição admirável vosso ardente amor aqui me proporciona! Fazei que eu a grave em minha alma e que de hoje em diante as labaredas de vosso santo Amor me levem a abraçar com alegria as humilhações, que vos dignardes me enviar.

E vós, minha Mãe das Lágrimas, dai-me vosso auxílio para que de hoje em diante não tema tanto o sacrifício, mas que, à imitação de Jesus, saiba abraçar com amor tudo que sua Santíssima vontade me enviar, o que vos suplico por vossa ternura de Mãe.

10ª estação: arrancam as vestes de Jesus

Adoro-te, meu Jesus, pelo santo Amor, com que derramastes vosso precioso Sangue por mim.

Meu adorável Jesus, nesta décima estação de vosso caminho de Amor, contemplo-vos como um manso Cordeiro, aceitando que os soldados vos desnudem! Oh! meu Deus, não sois vós a pureza infinita?! E como permitis que mãos sacrílegas profanem assim vosso Corpo Santíssimo? Que lição aqui me dais?

Alma que me ouves, é meu ardente Amor que vai dizer que isso permiti, para te ensinar a despojares-te de ti por meu Amor. O amor é um fogo que purifica, por isso te há de queimar todas as tuas vontades, deixando-te pura para fazeres uma só cousa comigo. Por amor de ti me deixei despojar de meus vestidos; por amor de mim, deixa meu ardente Amor te despojar de todas as tuas vontades.

Meu adorável Jesus, gravai em meu coração, com o fogo de vosso santo Amor, vossas sagradas lições, para que assim possa um dia fazer uma só coisa convosco.

E vós, Virgem Santíssima, minha Mãe das Lágrimas, gravai em minha alma as lições que Jesus me dá à vista de seu despojamento no caminho do Calvário. Isso vos suplico pelo quanto sofrestes nessa via dolorosa.

11ª estação: Jesus pregado na cruz

Adoro-te, meu Jesus, pelo santo Amor, com que derramastes vosso precioso Sangue por mim.

Meu adorável Jesus, nesta décima primeira estação de vossa trajetória ao Calvário, contemplo-vos nas mãos dos algozes, os quais vos vão pregar em um duro madeiro! Oh! meu Jesus, vós, o Deus dos exércitos, assim vos deixais tratar?! Que lição dais aqui a minha alma?

Alma que me ouves, o pecado assim me tratou, porque cometi o crime de te amar com amor infinito! Vê que lição dou tua alma, porque te amo infinitamente! Oh! quando os homens ou o demônio um dia te desprezarem por meu amor, alegra-te porque nesta hora estás imitando-me. Bem-aventurados os que, por meu amor, forem assim tratados, porque estão no caminho do Paraíso.

Meu adorável Jesus, gravai em minha alma o amor à Cruz, e que outra coisa não aspire senão ser nela crucificada por vosso santo Amor.

E vós, Virgem Santíssima, minha Mãe das Lágrimas, dai-me a graça de ser uma verdadeira amante da cruz; isso vos suplico pela dor que experimentastes ao verdes vosso Divino Filho pregado na Cruz.

12ª estação: Jesus morre na cruz

Adoro-te, meu Jesus, pelo santo Amor com que derramastes vosso precioso Sangue por mim.

Meu adorável Jesus, nesta décima segunda estação, contemplo-vos nos estertores de uma dolorosíssima agonia!

Meu bom Jesus, vós que suavizastes com vossa presença a morte de São José, não suavizastes a vossa!

Alma que me ouves, para mim os espinhos, e para vós o perfume de minha infinita caridade! Para comigo usei de todos os rigores imagináveis e possíveis, para convosco sou todo caridade! Vê alma que lição admirável te dou nesta cena de sangue! É meu amor que te diz: "Sou todo Amor para te mostrar este mesmo Amor, permitindo que me dessem a morte, a mais humilhante!"

Meu adorável Jesus, dai-me vosso preciosíssimo Sangue, para que, purificada de toda a mancha, possa Eu bem compreender essas lições tão admiráveis.

E vós, minha bendita Mãe das Lágrimas, dai-me vosso entendimento para que compreenda o amor de Jesus por minha alma, e assim possa também amá-lo com a mesma medida que Ele me amou. Isso vos suplico, pelo quanto sofrestes aos pés da Cruz.

13ª estação: Jesus morto nos braços de sua mãe

Adoro-te, meu Jesus, pelo santo Amor com que derramastes vosso precioso Sangue por mim.

Meu adorável Jesus, nesta décima terceira estação, contemplo-vos nos braços puríssimos de vossa desolada Mãe, que, ao ver-vos em tão lastimoso estado, sente sua alma traspassada de tanta dor, o que lhe faz derramar copiosas Lágrimas, banhando com elas vosso Santíssimo Rosto! Oh! meu Jesus, que me dizeis neste quadro de tanta dor?!

Alma que me ouves, vê como se ama! É o amor que me levou a causar a minha Mãe tanta dor! Oh! se tanto não te tivesse amado, teria poupado o coração de tão terna Mãe, mas meu ardente amor assim me fez obrar. Oh! é assim que se ama!

Meu adorável Jesus, à vista desse quadro de dor e amor, que vos dizer? Quão fraco é ainda meu amor ao contemplar vosso, o qual vos levou a ferirdes a alma desta Mãe, que tanto vos ama! Gravai, meu Jesus, estas lições tão sublimes em meu coração, para que tudo sacrifique por vosso santo amor.

E vós, oh! Virgem Santíssima, minha Mãe Lacrimosa, por vosso silêncio nesta grande dor, dai-me a vossa fortaleza para que jamais negue meu amor a quem deu todo o seu sangue por mim.

14ª estação: Jesus é sepultado

Adoro-te, meu Jesus, pelo santo Amor com que derramastes vosso precioso sangue por mim.

Meu adorável Jesus, nesta décima quarta estação, contemplo-vos nos braços de vossos piedosos amigos, que vos levam à sepultura! Oh! meu Deus, é o Amor por minha alma, que vos leva a ficardes sepultado na Terra! Vosso adorável Corpo, formado pelo Amor, deixai-o por três dias escondido nesta tão grande humilhação só merecida por nossos pecados! Meu Jesus, aqui os esplendores de vossa Divindade estão escondidos sob este véu da santa Humildade! Que admirável lição aqui me dais do quanto me amais! Oh! meu Jesus, que eu saiba, a vossa imitação, esconder-me sempre neste véu do esquecimento, tudo dando a vós e para mim ficando somente o conhecimento de meu nada!

E, vós, oh! Virgem Santíssima, minha Mãe das Lágrimas, pelas dores de vossa soledade, alcançai-me a graça de viver sempre envolta na santa humildade, virtude predileta do Coração Santíssimo de Jesus.

Parte IV

MENSAGENS DE MARIA

1. Maria conduzindo a alma pela via dolorosa

Estava eu [irmã Amália] um dia aos pés do Divino Mestre, encerrado no Sacrário, tendo a ama em grande aflição e, com os olhos fitos no mesmo, pedi a Maria, Mãe de Jesus, se compadecesse de mim. Então adormeci por meia hora e em espírito vi Maria que se aproximava de mim e com ternura indivisível disse-me: "Segue-me". Eu a seguindo, disse-me mais: "Quero te mostrar o quanto padeci no exílio". Que mistério! Levou-me ao templo e disse-me:

"Vê, filha, aqui nesse templo, onde fui educada, comecei a sofrer. Desde a tenra idade, renunciei aos afagos de pais tão delicados! Neste templo abençoado, quantas lutas tive de suportar! Vendo minhas companheiras que eu só me dedicava à oração e ao trabalho, o ciúme começou a tomar conta daqueles corações. Começaram as acusações; as mestras, a princípio, não lhes deram ouvidos; mas Eu, tendo grande desejo de sofrer, pedi ao bom Deus que me desse ocasião de ser humilhada. Prontamente foi ouvida minha oração. As mestras lhes deram ouvidos e fui chamada a sua presença e me repreenderam severamente! Que alegria indizível experimentei! Bendisse ao Deus, três vezes santo, e disse-lhe que, se era de sua santíssima vontade, continuasse a assim me tratar.

As lutas foram terríveis por algum tempo, mas tudo recebi com humildade profunda, reconhecendo-me culpada, e assim, meus algozes reconheceram seu erro, e um dia ajoelhadas a meus pés me pediram perdão; mas eu já lhes tinha perdoado na afeição que lhes consagrava. As que mais me caluniaram foram as mais beneficiadas.

É, assim, filha, que deves fazer, tu e todas as almas que, a minha imitação, quiserem amar ao bom Deus.

Agora, filha, desejo-te mostrar como Eu trabalhava e rezava aqui no templo, aprendendo com grande alegria o que as mestras me ensinavam, porque grande era minha ansiedade de tudo saber fazer para o bom Deus, com prazer.

Quando as mestras eram dóceis e amáveis comigo, lembravam-me da docilidade e da bondade que reinaria no Céu, que se achava fechado até a vinda do Messias, o que me fazia suspirar e chorar todos os dias para que a terra viesse quanto antes.

Se as mestras ralhavam comigo, lembrava-me de pedir ao Deus, três vezes santo, que fizesse com que elas se tornassem cada dia mansas e humildes de coração. Tomando para mim o castigo merecido, louvava a Deus por me castigar e pedia que jamais voltasse a ofendê-lo e nisso experimentava grande júbilo por ser humilhada.

Minha oração jamais foi interrompida pelo trabalho; pois este era sempre ocasião de me unir cada vez mais a Deus, porque, por tudo que tomava em minhas mãos, louvava e bendizia ao Deus bom, por ter tudo criado para o homem.

Quantas vezes, trabalhando, entrei em êxtases profundos só por considerar que do nada tinha saído para me tornar filha de Deus! Também, neste abençoado templo, tive grandes sofrimentos, suspirando pela vinda do Messias. Pensava eu que era por meus pecados que Ele tanto demorava, o que me fazia chorar amargamente e humilhar-me em extremo!

Na leitura das Escrituras Sagradas meu espírito achava repouso; porém quando lia as profecias chorava amargamente, vendo o quanto o Messias tinha de sofrer para o resgate de seu povo.

Vês aqui, filha, que, desde a infância, sofri, sofri em extremo, mas com uma confiança indizível esperava em Deus, o no Messias prometido, do qual queria ter a ventura de oscular seus sagrados pés!"

Oh! maravilha! Quando a Mãe bendita assim falou, um novo resplendor a cobriu, e eu vendo-me tão pequena diante de tanta grandeza, exclamei: Oh! humildade, como elevas a criatura! Maria disse-me:

"Prossigamos, vê agora minha modéstia, meu porte neste templo abençoado, sem jamais levantar meus olhos a não ser para o Céu e para meu trabalho; sempre os trouxe em grande mortificação; fitando a luz do dia ao levantar-me, logo pensava na claridade da mansão celeste! Ah! então entoava o cântico de louvor.

Quando pegava em minhas vestes, da mesma forma o louvava por dar-me roupa para me cobrir, e assim prosseguia meu cântico de ação de graças.

Meus modos eram tão suaves e graves que faziam as mestras exclamar: 'Onde esta criança aprendeu tais maneiras?!' Ah! na oração as aprendi; contemplando meu Deus é que aprendi a ser grave. Dizia-me a mim mesma, para falar com Deus era necessário gravidade e Eu que não o perdia de vista, tinha de permanecer grave.

Agora, filha, quero te dizer que para me tornar assim tive de lutar, porque, senão lutasse, não teria merecimento, pois, é na luta que o adquire.

Que merecimento teria Eu senão tivesse sofrimentos? É verdade que fui criada em estado de inocência e em inocência me conservei; Eva, também, como Eu, foi criada em inocência, mas ela foi tentada e caiu, Eu, porém venci, lutando e me humilhando na luta; por isso é que no começo te disse: segue-me pela via dolorosa. Sim, quem quiser entrar no reino do Céu, mesmo os que têm a ventura de conservar sua inocência, tem de sofrer e padecer.

Jesus, mesmo teve tão graves tentações que soube repelir, teve de lutar, porque era homem. Eu também tive grandes lutas a vencer, porque também tinha um corpo humano, ainda que sem mácula.

Eva foi criada por Deus em estado de inocência e sem mácula, porque saiu das mãos do próprio Deus; mas deu ouvidos à serpente e caiu tão gravemente, que, por tal pecado, um Deus desceu a Terra e tomou o corpo humano.

Agora, filha, vês que, desde a infância, tive de sofrer, para assim poder tornar mais cândida a veste nupcial da graça, que dada me fora pelo Deus bom. Se não fosse para sofrer, para que me teria dado Deus um corpo? Sim, o corpo me foi dado para lutar e vencer! Se fosse isenta de luta, que merecimento teria eu? Como poderia dizer que esmagaria a cabeça da serpente, se não tivesse luta e tudo me fosse fácil?! Ah! minhas lutas foram terríveis; mas sempre confiei em meu Deus e na Humildade profunda tive a arma que esmagou a cabeça infernal!

Prossigamos a via dolorosa.

Vou te mostrar mais alguma coisa, porque o que te mostrei foi apenas uma pequena parcela do quanto padeci.

Tinha chegado à idade em que as jovens daquele tempo costumavam tomar estado. Ah! só em pensar nisso que aflições de espírito, Eu que me tinha a Deus consagrada de alma e corpo, dando minha virgindade a Ele para sempre!

Ah! quando tal me propuseram, não morri de dor, porque era vontade do Altíssimo que assim padecesse, para mostrar às almas em que grande estima Eu tinha a virgindade; mas nessa aflição fui logo aliviada, porque então conheci que era vontade do Altíssimo que Eu tomasse esposo, para ser meu guarda nesta tão cara virtude; que tomasse esposo, porque o esposo que me ia ser dado era também virgem, e como Eu, permaneceria em minha companhia sem macular nossa tão querida virgindade!

Aceitei, mas que receios me invadiram a alma!... Confiei e triunfei!

Digo-te, agora, filha, se não tivesse tantas lutas, compreenderiam os homens hoje, como é cara a virgindade? Ah! por certo que não. Pelo combate se conhece o valor da coisa combatida; por isso que dirão ainda os homens, que, tendo Eu sido pura, não tive lutas? Oh! que erro! Se nunca tivesse lutado, meu Filho não me podia propor como modelo de pureza, de humildade, de generosidade, de paciência e de mansidão. Por ventura, o homem, que acha um tesouro na rua, não tendo, portanto, merecimento, porque para se enriquecer nada lhe custou, pôde ele dar-se como modelo aquele que dia e noite trabalha para ganhar seu sustento? O homem que trabalha pode dizer: 'Ele está rico porque nada lhe custou; por isso a mim, que trabalho dia e noite, ele não serve de modelo'.

O mesmo as almas puras podiam exclamar! Se Eu não tivesse grandes lutas a vencer, e se meu Filho lhes dissesse: 'Vede vossa Mãe, imitai-a, sede como Ela foi'. O que elas poderiam dizer? Ela é pura, porque não teve lutas, é humilde, porque não foi tentada pelo orgulho; é mansa, porque jamais teve tentações de revolta!

Vês agora, amada filha, que se Eu não fosse tentada, não poderia servir de exemplo e de modelo. A tentação não macula, ao contrário, dá à alma um novo brilho, quando a pessoa tentada sabe confiar em seu Deus e em extremo se humilhar. A tentação para ser vencida deve ser aceita com grande humildade, lembrando-se a alma que, por seus pecados, merece que assim se humilhe, vendo suas misérias. Recorrer ao Deus da Misericórdia, é o que Eu fiz e o que desejo que todas as almas façam; e, sabendo disso, foi que o bom Deus deixou a tentação bater a minha porta.

Prossigamos na via dolorosa.

Depois de ter vencido neste ponto, agora desejo te mostrar o quanto padeci, quando o anjo anunciou a José, que tínhamos de partir para terras estranhas com o menino Deus! Ah! que aflição! Pela calada da noite, com o Filhinho nos braços, partimos em demanda da dor e do sacrifício! Que susto passei naquela noite, pensando a toda a hora que meu amado ia ser-me tirado dos braços! Que angústias jamais passadas por criatura alguma, porque a medida do amor assim é a da dor. E quem amou mais do que Eu?

Afinal, chegamos, sem cama, sem arrimo e com fome; mas com uma grande confiança. Suportamos tão dura provação e, com grande alegria, bendizíamos ao bom Deus, por nos fazer participantes daquelas angústias sofridas por seu santo amor!

E neste exílio quantas lágrimas derramei em alegria; porque minhas lágrimas jamais foram de contrariedade sim, mas, de santa resignação com a santa vontade do Altíssimo.

Vês, filha, o quanto tua Mãe sofreu! E para que tanto sofrimento? Ah! Eu te digo. Para mostrar aos homens o valor de suas almas e a hediondez de seus crimes, porque foi por causa do pecado que a dor se implantou no mundo, e é por meio da dor que o homem tem de se purificar.

Foi na dor que o homem foi resgatado, quando em cruciantes angústias o Divino Salvador pronunciou: 'Tudo está consumado'; querendo dizer: 'homens, já estais resgatados, meu Sangue abriu-vos as portas do Paraíso'.

Eis, filha, por que Eu te disse: 'Segue-me na via dolorosa'.

Prossigamos, filha amada.

Vou te mostrar o quanto padeci, quando por três dias perdi meu Filho amado, três dias de verdadeira agonia! Ao Céu pedia que me devolvesse o tesouro perdido, mas o Céu se conservou silencioso por três dias! Só depois de me humilhar em extremo é que o Céu de mim se compadeceu!

Agora te pergunto: 'Vendo tua Mãe que no exílio tanto sofreu, não quererás tu seguir minhas pegadas?'

Ah! Amável rainha, Mãe do belo amor, quanto sofrestes por causa de meus pecados e os de toda a humanidade!

"Filha, prossigamos na via dolorosa; isso que te mostrei é apenas uma parcela da Cruz. Subamos juntas a via dolorosa do Calvário, onde meu amante Coração foi traspassado por agudíssimas espadas, mas antes de subir desejo-te mostrar como ela é estreita e pedregosa, que é preciso grande generosidade e esquecimento completo de si mesmo, para chegar a seu cume!

Filha, apenas estou te mostrando as dores mais agudas, deixando para outra vez as menores. Quero te mostrar as angústias que padeci no encontro com meu amado Filho, na rua da amargura. Foi tanta minha dor que é impossível a uma criatura poder compreendê-la. Se Eu te desse a experimentar por um instante, sucumbirias de dor, porque se resiste foi porque grande era meu amor e a medida do meu amor assim foi a da dor. Oh! amor que me deu forças para suportar tanta dor, quando vi meu Filho com grande madeiro aos ombros!

Parecia-me impossível que meu doce e delicado Jesus fosse assim tratado tão barbaramente! Perguntei ao Céu que mal tinha feito meu Jesus? Esse Jesus tão doce, tão meigo, tão delicado, levando a seus ombros um duro madeiro! Oh! crueldade! Levantando meus olhos ao Céu, logo pronunciei o *fiat*. Resignando-me, conheci que esta era a vontade de meu Deus, e na dor em que me achava, bem disse o Deus da Misericórdia, a meu doce e terno Jesus a quem tanto amava. Lembrei-me de que o Céu estava fechado e que era preciso que o inocente Cordeiro fosse imolado, para abrir para todos os homens as portas da felicidade imortal!

Ah! filha amada, jamais coisa alguma neguei a meu Deus, porém isso não quer dizer que dei sem sacrifício! Quanto mais sacrifício, mais agradável é a dádiva. Pode ela ser de pouco valor, mas se a quem oferece muito lhe custa, mais agradável é ao bom Deus, isso, porém, quando o sacrifício é feito por amor, não amor insensível; mas um amor sincero, reconhecendo que contentamos a um Deus, que nos criou, dando-nos uma alma imortal, para podermos eternamente gozar!

Oh! almas que sofreis tribulações e dores, meditai e vede se há dor semelhante a minha dor, tão grande, tão esta imensa, que não foi em vão sofrida por mim! Hoje vos pertence, fazendo dela vossa riqueza e vossa consolação!

Sim, almas amadas, ao contemplardes o quanto Eu sofri, tereis forças para carregar vossa Cruz. Não só sofri para ser vosso lenitivo, mas também como 'corredentora' de vossas almas. O pecado é um terrível mal e por causa de vossos pecados fui afligida tão barbaramente! Vede quanto vos amo, almas minhas!

Prossigamos, subamos mais, vamos ao pé da Cruz, onde meu Coração materno recebeu a espada mais cruel! Haverá dor que se lhe possa igualar?! Ver meu Jesus pregado em uma cruz, amaldiçoado pelos homens como se fosse um criminoso!

Filha amada, bem compreendi naquela hora a hediondez do pecado e a ofensa feita a Deus! Meu Coração e minhas almas foram naquela hora inundados de um mar de angústias!

Que espetáculo comovedor!

A natureza participou de minha dor; escureceu-se o sol! Sim, porque o sol da Jerusalém Celeste, meu amado Filho, era barbaramente atormentado e insultado por aquela populaça infrene! Sim, o sol se escureceu, imagem das almas que ali se achavam e que o eclipsaram com as nuvens de sua incredulidade. O sol se escureceu para demonstrar aos homens a dor de minha alma.

Meu Filho, nas vascas da morte, sem lhe poder ao menos dar uma gota de água, ali em pé sem poder-lhe, ao menos, apertá-lo contra meu Coração, sem ao menos poder enxugar-lhe suas lágrimas, nem lhe poder dizer que O amava, quando os homens o desprezavam, Eu ali estava para lhe demonstrar que tinha uma Mãe a seu lado. Nada lhe pude fazer! Oh! dor cruel e, ao mesmo tempo, bendita, porque foi a que me mereceu a ventura de ser Mãe dos homens, para hoje, de meu trono, poder dizer: 'Sou vossa Mãe, porque no trono da Misericórdia, quando meu Filho agonizava, proclamou-me vossa Mãe, portanto vejo como me sois caros, como um tesouro que tanto me custastes!' Sim, angústias indizíveis me custastes, por isso vejo o quanto sois caros a Jesus, porque foi na hora mais tormentosa que me entregou o legado tão precioso, vossas almas, para que delas tomasse conta e sobre vós derramasse os frutos da sacratíssima Paixão de Jesus!

Como sois felizes, ó homens, por possuirdes tal Mãe!

2. João, o discípulo amado, foi meu anjo consolador[17]

Almas minhas, como Deus é bom! Ele jamais desampara aqueles que por seu amor se sacrificam. Vede vossa Mãe Dolorosa sustentada pelo apóstolo amado. Oh! que dedicação a de João para comigo! Quanto ele fez para confortar-me em minha imensa dor! Dizia-me ele:

"Maria, não chores, vê que agora eu sou teu filho, lembra-te das palavras de Jesus *'Mulher, eis aí teu filho'*, *'filho, eis aí tua Mãe'*. Agora Eu sou teu, tu és minha! Mãe, hei de fazer teu Filho conhecido. Ah! Mãe, quando perscrutei o Coração

---

de Jesus na noite da ceia, ah! se soubesses, Mãe amável, que horizontes se desvendaram! Ah! que maravilhas, quando este Coração for verdadeiramente conhecido!"

Fala-me, João, fala-me de meu Filho. O que ouviste quando reclinaste a cabeça em seu coração? Como todas as mães, gosto de ouvir falar bem de meu Filho!

"Oh! Mãe querida, não tenho palavras para descrever-te o Coração de teu Filho amado! Tu, melhor do que Eu, conheces os segredos de seu coração!"

Sim, filho amado, na verdade, eu conheço os recônditos de seu coração, porque Eu o trouxe em meu seio; porém, nesta hora, a dor de meu Coração, de minha alma puseram um negro véu no conhecimento que eu tenho! Fala-me, João, fala-me do coração do Filho amado!

"Oh! Mãe do Belo Amor, quando, em meu coração de apóstolo e de filho agradecido, pressenti que um de nossos o ia trair, percebi que o Mestre estava com o coração dilacerado pela ingratidão. Ah! eu, então, sem mais demora, abracei-o com tanto amor, e vi como Ele foi amável; não me afastou, ao contrário, deu-me ocasião de deitar minha cabeça bem em cima de seu coração manso! Oh! O que se passou, Mãe amável?! Abriu-me seu coração e vi o reinado deste coração! Que prodígios, Mãe querida! Quantas almas conquistadas! Quantas virgens prudentes aos convites desse Coração amoroso vão deixar as vaidades do mundo! Que belo reinado, Mãe querida, quando esse coração for bem conhecido em seu infinito amor!"

Fala mais, meu filho, o que vistes mais?

"Ah! Mãe querida, vi o Coração de teu adorado Filho, com sua mansidão divina, arrebatar o mundo das garras infernais, quando parecer aos homens que tudo está perdido! Oh! Mãe, que doce repouso é o coração de teu Filho! Ele há de ser o repouso de todas as almas de boa vontade!

Mãe querida, vi mais. Vi o coração de teu amado Filho a espalhar chamas sobre os corações de boa vontade e a difundir nestes o amor generoso e estes a urdirem sacrifícios para contemplá-lo; isto é, para aproveitar para si e arrebanhar almas, muitas almas para o Céu, que Ele nos abriu com sua ignominiosa morte!

Mãe amável, vi mais. Vi aproveitado o sangue derramado na Paixão. Vi que Jesus não sofreu em vão, vi milhões de corações a receberem esse Sangue divino e a se purificarem com ele! Mais ainda, Mãe bondosa, este Coração que perscrutei, o qual tu trouxeste em teu seio virginal, vi ser nosso alimento e o alimento de todas as almas até o fim dos séculos.

Sim, não ficamos órfãos, Jesus ficou conosco, Jesus me descortinou como Ele vai ser nosso sustentáculo com sua própria carne, alma e divindade."

Eu, Maria; posso te dar Jesus.

"Tu serás a primeira afortunada, depois de nós, na sublime ceia em que vais ter a ventura de receber o Corpo Santíssimo de Jesus, não morto, mas vivo! Sim, Mãe amável, no Coração Santíssimo de Jesus te vi a comer seu Divinal Corpo! Eu, Mãe amável, posso te dar este corpo, porque Jesus nos deu estes poderes na última ceia! Como és feliz, Maria, vais receber, de novo, o Amado de tua alma, tão realmente como quando o vias com teus olhos! Agora não chores mais, não estás sozinha, podes alegrar-te."

Fala-me mais, meu filho; fala-me da bondade de Jesus. Ele era tão amável, tão caritativo. Diz-me o que perscrutaste a este respeito?

"Oh! Mãe querida, como Eu poderei te falar da bondade e Misericórdia do Coração de teu Filho amado! Que língua haverá que possa falar dessa encantadora bondade e Misericórdia?!"

Oh! Não há língua humana que possa cantar o quanto Coração de Jesus é bom! Mas, ao menos, fala-me o quanto tu podes.

"Oh! Mãe querida, vi milhões e milhões de almas fascinadas por sua doçura e bondade a sugar o mel dulçoroso[18] de seu amável Coração; e nesta escola de mansidão, vi milhões de cândidas virgens se prepararem para espalharem seu reinado sobre a face da terra, isso para os últimos tempos.

Vi a Misericórdia deste Coração a perdoar, sempre a perdoar! Vi tantos pecadores perdoados, tantos aflitos consolados, tantos infelizes confortados! Vi tantas almas generosas a beber o mel dulçoroso desse Coração, e, depois, com esse mesmo mel, consolar os desvalidos, os órfãos, as viúvas; enfim, Mãe amável, vi a face da Terra renovada.

O temor não reinava mais sobre a Terra! Ah! não, os tremendos castigos não mais visitarão os filhos de Adão, porque o novo Adão, teu amado Filho, trouxe a Terra a Misericórdia!

A Misericórdia reinará de hoje em diante e tu, Oh! Mãe do Belo Amor, serás a distribuidora dessa mesma Misericórdia.

Vê, Mãe bendita entre todas as mulheres, como somos felizes, Jesus morrendo em um patíbulo!"[19]

Oh! filhas amadas, João tudo isso me falou; tudo isso e mais do que isso Eu o sabia. Quem mais do que Eu conhecia o Coração de meu Filho? Foi para mostrar-vos minha grande dor que assim vos falei, para verdes como até a lembrança de quem era meu Filho perdi no meio de minha tão grande dor! Vede, almas minhas, como o bom Deus me fez sofrer deixando-me em tanta dor, porém Ele, não desamparando ninguém, deu-me João, como anjo consolador, o que na verdade ele o foi.

Agora, almas minhas, que de um modo todo especial me pertences; não quereis vós ser para mim o que João foi? Hoje também vos posso dizer: "Gosto tanto que me faleis da bondade e Misericórdia de meu Filho e que dela faleis a todos!" Primeiramente deveis comentar

---

[18] Que tem muita docilidade.
[19] Patíbulo, sinônimo: local aberto onde se executa condenados.

esta bondade de Jesus, que, de um modo todo especial tendes obrigação de falar, deveis comentá-la primeiramente comigo como fez João, e se vós não estiverdes bem aptas para dizer o quanto Jesus é bom, Eu vos direi como Jesus é amável e cheio de Misericórdia! Sim, amadas de meu Coração, Eu tenho necessidade de vós para que faleis de Jesus, para que o façais conhecido. Reclinai vossa cabeça como fez João no Coração de Jesus, e perscrutai seus recônditos, e Ele vos ha de descortinar sua bondade e Misericórdia. Se vos sentirdes sem coragem, vinde a mim e Eu vos introduzirei em seu amorosíssimo Coração. Não vos foi dado Ele em testamento? Para que vos foi dado senão para que o manduqueis e o saboreies. Sim, saboreá-lo e o dar então aos outros.

Sim, amadas de meu Coração, por minha imensa dor em minha soledade, Eu vos peço que façais a bondade de Jesus conhecida, primeiramente as vossas almas e em segundo a vossos irmãos.

Filhas Missionárias, muita coisa tenho ainda de vos dizer. Dir-vos-ei mais tarde. Como em minha soledade fostes minha consolação, sede meus anjos neste exílio, como João o foi dando aos homens o Coração de meu Filho.

Vossa Mãe que vos abençoa em sua soledade.
Maria, Mãe das Lágrimas.

3. Conheçamos Maria para imitá-la![20]

Amadas filhas, vinde aos pés do Sacrário, onde se encontra Jesus. Transportai-vos ao monte Calvário; Jesus derramando seu sangue... Contemplai-o a vos dizer: "Tenho sede de vossas almas; tenho sede de ver minha Mãe celeste conhecida para ser imitada".

Jesus deseja imensamente ver-me conhecida por todos os homens, para que possam me imitar.

---

[20] 14.6.1931.

Emudeçam vossos corações à vista de minhas cruciantes angústias! Acompanhai-me por piedade, lançai para longe de vós tudo o que é terreno para poderdes me ouvir com fruto. Desde o *Fiat* da Encarnação até a hora venturosa de minha morte, minha alma foi sempre o alvo de uma angústia mortal! Oh! amadas esposas de meu Filho Crucificado, não vos é possível compreender o quanto eu sofri neste vale de Lágrimas! Vossas penas e vossas dores são como uma gota de água em comparação com o oceano de dores que sofri.

Quem poderá medir minhas angústias?!

Não penseis, amadas de meu coração, que meu caminho foi semeado de rosas. Ah! não; foi ele semeado de pungentes espinhos, que me fizeram derramar copiosas Lágrimas.

Por ser Mãe de Deus, fui Eu quem mais se assemelhou a Ele nos seus padecimentos. No meu coração de Mãe sofri o que nenhuma mãe jamais sofreu, porque a dor é a medida do amor.

Uma espada cruel constantemente minha alma atravessava, por ver que meu adorável Filho não era compreendido, Ele que tanto sofria por ver a ingratidão de seus filhos! Vede, amadíssimas filhas, quantas angústias minha alma experimentou, e que me fizeram derramar Lágrimas tão dolorosas! Eis o motivo por que estas Lágrimas, hoje, têm tanto valor diante do Trono do Altíssimo. Minhas Lágrimas não foram de fraqueza, mas sim de dor, por ver que o Filho amado não era compreendido na sua sublime missão!

Chorei pelas vossas almas, quando as vi não aproveitando o Sangue do Cordeiro sem mancha, Jesus Crucificado!

Oh! filhas de meu coração, desejo levar-vos neste instante à minha solidão, onde fechada e de joelhos, me lembrava do cândido e meigo Jesus. Levantava meus olhos ao Céu, marejados de Lágrimas e, com a alma traspassada de angústias, perguntaram a mim mesmo: Oh! minha amada, não foram os teus pecados que deram a morte a meu adorável Filho? Oh! quantas angústias!! E Jesus conserva-se mudo, não me consolando nestes momentos de tanta angústia. Eu procurava lavar-me no Sangue derramado de Jesus. Parecia-me ver minha alma cheia de pecados! Vós bem sabeis que minha alma não teve mancha, foi concebida sem a culpa original, porém, vos falo que me parecia ver minha alma cheia de iniquidades!

Como Jesus no Getsêmani, os pecados que via na minha alma eram os vossos pecados, que pesavam sobre minha cândida alma, como pesaram a Jesus na sua dolorosa Paixão!

Jesus me fez participante da vossa redenção, e com isso me alegrei, apesar de minha alma e meu coração sentirem as consequências deste peso esmagador – a dor!

Ainda que a alma, se alegre da dor, não deixa por isso de ser dor, e eis por que, alegrando-me não deixei de chorar!

Amadas filhas, na minha solidão depois da morte do filho amado, nem um dia deixei de meditar a Paixão de Jesus; e no meu pensamento bendizia e louvava a Deus, por ter mandado seu Filho Unigênito ao mundo do seu doloroso cativeiro. Nestas meditações minha alma se gloriava e pedia constantemente que os homens soubessem aproveitar de seu Sangue Divino, para se libertarem de suas paixões, das quais eram escravos!

No silêncio da noite, quando todos dormiam, vossa Mãe velava até altas horas, oferecendo ao Pai das Misericórdias os padecimentos de seu Filho amado, juntamente com as minhas penas. Nem um só dia deixei de ofertar ao Pai seu Sangue, e suas dores, unidas às minhas penas, o que muito lhe agradou, porque ambos somos vítimas imaculadas. Vede que minhas Lágrimas não foram derramadas por simples desabafo ou sem motivo. Pergunto-vos: Se alguma de vós tem um pouco de amor a Jesus, não sentirá dor ao meditar que Jesus não é amado, antes é calcado aos pés?

Certamente que sim, e se possuir um coração sensível há de chorar! Pergunto-vos: Estas Lágrimas são de fraqueza? Ah! não; são elas de dor e de amor por ver que o Amado de sua alma não é amado dos homens!

Contemplai meu sofrimento! Desde a Encarnação de Jesus até a hora de minha morte, minha alma foi sempre o alvo de uma agonia mortal!

Meu caminho não foi semeado de rosas, mas sim de pungentes espinhos, que me fizeram muitas vezes derramar muitas Lágrimas. Por ser Mãe de Jesus, fui Eu quem mais se assemelhou a Ele nos seus padecimentos. No meu coração de Mãe sofri o que nenhuma Mãe jamais sofreu, por ver o que meu Filho sentia com a ingratidão de seus filhos! Quantas angústias minha alma experimentou fazendo-me derramar Lágrimas tão dolorosas! Eis o motivo por que estas Lágrimas têm tanto valor diante do trono do Altíssimo. Não foram Lágrimas de fraqueza; mas, sim, de dor, por ver que o meu Filho amado não era compreendido na sua sublime missão.

Apesar de minha alma e meu coração sentirem as consequências do peso esmagador da dor, Jesus me fez participante na vossa redenção e, com isto, me alegrei!

No silêncio da noite, quando todos dormiam, vossa Mãe velava até altas horas, ofertando ao Pai da Misericórdia os sofrimentos do Filho amado, juntamente com as minhas penas. Nem um só dia deixei de ofertar ao Pai seu Sangue e suas dores, unidas às minhas, o que tanto lhe agradou, porque ambos somos vítimas imaculadas. Minhas Lágrimas foram de dor por ver que o Amor não é amado pelos homens!

Queridas filhas, aos que pensam que eu não chorei, digo que não conhecem meu coração, no qual se aninhou o amor de condolência; e não podia ser o contrário, sendo como sou, Mãe de Deus!

Jesus também chorou e suas Lágrimas foram de Sangue, porque em sua alma pesavam os crimes de todos os homens! Minhas Lágrimas não foram de Sangue, porque minha alma não podia experimentar o que Jesus experimentou; a tanto eu não resistiria!

Quereis me contentar? Meditai nas minhas dores e sereis fortes, tereis coragem para sofrer todas as penas que o bom Deus vos enviar; mais ainda tereis palavras na vossa boca para confortar os que sofrem.

Não vos esqueçais de que a meditação do quanto eu sofri, muito agrada a Jesus.

Oh! vós que vos lastimais que sois pobres e que não tendes virtude alguma, recorrei a mim e Eu vos darei o fruto de minhas dores, que podeis apresentar a Jesus, pois à vista dessa moeda nada vos poderá negar, porque deseja honrar sua Mãe, que com Ele soube chorar neste exílio, para hoje vos beneficiar.

Minhas amadas filhas, entrai no meu Coração que vos ama e confiai! Ele é a porta que vos conduzirá a Jesus Crucificado, que se acha com o Coração aberto para vos receber.

Vinde, vinde todas a mim, não tenhais medo, porque eu sou Mãe, e como tal vos darei tudo de que precisardes para vossa santificação.

Não vos esqueçais do que já vos foi dito: Eu vos fui dada para criar santos, isto é, para que sejais santos, segundo a vontade de Deus.

Sede santas porque esta é a vossa vocação; formai santos porque este é o desejo de Jesus. Há tão poucos santos hoje, entretanto Jesus tem sede de almas que aspirem ao mais perfeito. Quanta frieza reina nesse mundo! É preciso que o fogo se acenda no meio de tanto indiferentismo! Oh! vós, amadas filhas, vós tendes a mim como riqueza! Por piedade, acendei o lume sagrado do santo zelo no meio de tantos cristãos indiferentes!

Eu sou vossa, levai-me por toda a parte e o lume se acenderá!

Levai-me com as minhas dores, porque o merecimento destas dores benditas, porque o merecimento destas dores benditas, transbordado em lágrimas, acenderá nos corações o lume do divino amor!

Eu vos abençoo pelas mãos chagadas de Jesus Crucificado, que continuamente vos estão abençoando.

Nossa Senhora das Lágrimas.

Do Tabernáculo Santo.

4. A Felicidade[21]

Todos que transitaes por este exílio vinde a mim e dar-vos-ei o que tanto almejaes – a felicidade.

Eu sou a Mãe Lacrimosa, que, ao pé da Cruz, vos recebi como filhos.

Jesus, derramando seu precioso Sangue, com ele firmou tão precioso legado, e Eu, chorando, recebi-vos, acolhendo-vos sob meu manto protetor. A maior parte dos homens, porém, esqueceu-se que tem uma Mãe fiel e dedicada em seu grande Amor; por isso, hoje, falo-vos e vos convido a virdes a mim para encontrardes a verdadeira felicidade.

Mães de família, que procurais o bem-estar de vossos filhos, e que tanto empenho tendes em dar-lhes a felicidade, ouvi-me por piedade.

Procurais por todos os meios humanos a felicidade, porém esqueceis que para isso o principal meio é buscar a Deus nos Sacramentos, é procurar a mim, que sou a portadora da única e verdadeira felicidade.

---

[21] 29-3-1932.

Pergunto-vos, amados filhos, já encontrastes neste vale de lágrimas alguém feliz fora da Santa Igreja? Nunca encontrastes, nem haveis de encontrar, porque a felicidade consiste em amar a Deus, único fim para o qual o homem foi criado.

Se os peixes, sendo criados para viverem na água, morrem fora dela, o mesmo acontece com o homem. Fora do amor de Deus não há felicidade, não há vida; por isso fora do grande preceito de amá-Lo a alma morre, e o homem, com a alma morta pelo pecado, não pode ser feliz.

Que felicidade poderá encontrar o homem que tiver um de seus membros doente? Ah! quando encontrais um homem paralítico, faz-vos pena por vê-lo em tal estado! Ele se lastima e deseja ardentemente ser curado de seu mal, e ainda que tudo lhe pareça sorrir, não se sente feliz! Pior que essa imagem do paralítico é a alma que não ama a Deus! Essa alma em vão procura divertir-se, em vão procura o prazer, porque todo o prazer é momentâneo... Só o prazer do amor de Deus é que dá a paz à alma e a felicidade completa.

Mães queridas, que tendes filhos, que tendes filhas, procurai dar a estes entes queridos a felicidade eterna. Oh! como é doloroso para meu Coração ver tantas Mães serem a causa da perdição de seus filhos!

Dir-me-eis vós: *Como faremos se nossos filhos não nos obedecem?* Ah! quem são os culpados disso? Sois vós mesmos, porque quando crianças não os soubestes educar, levando-os aos cinemas, aos bailes, centros de perdição da inocência, onde tantos pecados de impureza se cometem!

Direis ainda: *Mas minhas filhas são inocentes,* não têm malícia. Oh! cegueira vossa! Não sabeis que quem toma veneno é para morrer? Os cinemas! O que se passa nestes antros malditos, onde o demônio laça tantas almas, onde as crianças aprendem a imoralidade e a desobediência?! Os bailes! Depois de serem prejudiciais à saúde, são causa da perda de tanta inocência ou causa de tantos maus pensamentos, dos quais darão rigorosas contas!

Quantas almas, hoje, gemem no inferno por causa dos bailes e dos cinemas! Agora vos posso provar como vós, mães de família, sois a causa da desgraça de vossos filhos! Oh! mães que me escutaes, vede como deixais vossas filhas saírem à rua em trajes tão imorais, que apavoram os anjos!

Mães queridas, dir-me-eis: *Mas minhas filhas não me obedecem neste ponto!*

Oh! por piedade, disso quem é culpado? A culpa é da liberdade que lhes destes desde a infância!

Lançando meus olhares amorosos de Mãe sobre o mundo, tenho de dizer-vos: *A humanidade se agita e geme por causa de não saberdes criar vossos filhos no amor de Deus! O que falta à humanidade é o amor de Deus, que faz com que as paixões sejam esmagadas.*

Onde há amor ao Divino Rei, há submissão aos pais, há submissão aos governos, enfim, o amor de Deus transforma em Paraíso este vale de lágrimas.

Oh! quem me dera que todas as mães da terra me ouvissem e pusessem em prática meus conselhos de Mãe, que só deseja a felicidade; o Paraíso para todos os homens redimidos pelo Sangue de meu Divino Filho.

Oh! mães queridas, vinde que eu sou vosso modelo, vinde a mim e dar-vos-ei minhas Lágrimas preciosas, com as quais abrandareis os corações de vossos filhos, e vosso lar tornar-se-á um paraíso, tornar-se-á o lar de Nazareth, no qual só reinará amor, alegria, pobreza e verdade, mas a paz da alma tornou esse lar tão feliz, que quisera fosse ele imitado por todas as famílias.

Queridas mães, não vos entristeçais; ainda é tempo. Vinde, vinde; minhas Lágrimas são o remédio, o caminho que conduzirá vossos filhos à felicidade eterna. Essas Lágrimas abrandarão os corações para poderem receber o Amor dos amores, a felicidade única, que é Deus; este Deus que, por vosso amor, dia e noite, vela nos Sacrários da terra, onde é tão esquecido e tão injuriado por tantos homens, que se esquecem que têm uma alma feita para amar esse Deus, que morreu em uma dura Cruz, somente porque seu amor é infinito para com todos os homens.

Mães queridas, quisera ver um dia vossos filhos a meu lado, é este o motivo pelo qual assim vos falo.

Vossa terna Mãe, que vos ama com amor mais forte do que a própria morte.

Parte V

MEDITAÇÃO DAS SETE DORES DA MÃE DE DEUS PARA TODAS AS ALMAS QUE DESEJAM CRESCER NO CAMINHO DA VIRTUDE

Meditai muitas vezes estas minhas penas e Eu vos digo em verdade muito adiantareis na virtude.

1. As dores de Nossa Senhora

Quem quiser consolar meu coração medite em minhas Dores.

Oh! almas que sofreis, vinde junto de meu coração, aprendei comigo a sofrer. É junto de meu coração transpassado por sete espadas que achareis consolação!

Mães aflitas, esposas amarguradas donzelas abandonadas ao vendaval de vossas paixões, meditando em minhas dores tereis força para atravessardes este vale de lágrimas.

Oh! mães que chorais a perda de um filho, vinde vos consolar ao pé da Cruz, é aqui que achareis, pois aqui vos posso dizer: "Sedes fortes, sedes generosas, olhai como Eu estou em pé para mostrar-vos que não vos deveis deixar abater, quando a mão carinhosa de Deus se fizer sentir em vosso lar".

Donzelas, que não tendes coragem de deixar o mundo e suas vaidades, meditai em minhas Dores e tudo vos será fácil deixar. Oh! donzelas amadas, as que sois chamadas para a insigne graça de esposas do Cordeiro Imaculado, meditai em minhas Dores e tereis forças para afrontar todos os obstáculos, que se vos apresentarem.

Vou agora mostrar-vos minhas penas, e, ao lê-las, tenho a certeza de que vos hão de comover o coração, impulsionando-vos para a prática do bem.

1ª dor de Nossa Senhora: apresentação de meu Filho no templo

Nesta primeira dor, vereis como meu coração foi transpassado por uma terrível espada, quando Simeão me profetizou que meu adorável Filho seria a salvação de muitos, mas também serviria para ruína de muitos; isto é, todos os que abusassem de seu Sangue adorável se perderiam para sempre! A virtude que aprendereis nesta primeira dor é a da santa obediência. Sedes obedientes a vossos superiores, porque são eles que fazem as vezes de Deus.

Meus filhos, é a obediência que faz as almas felizes já neste mundo.

Nunca ouvistes dizer que um obediente se perdesse. A alma obediente galgará os mais altos graus de perfeição! Olhai para toda a minha vida e vereis como nela só encontrareis obediência e sempre obediência!

Aos três anos, já me entreguei totalmente à santa obediência.

O que foi minha vida no templo? Obediência e oração. Depois de terminar este tempo feliz, quiseram-me dar um esposo e eu o aceitei, e por quê? Porque sabia que, obedecendo, não erraria!

Mas como estamos meditando em minhas dores, continuemos. A obediência não deixa de ter seus espinhos, felizes espinhos que tanta glória dão à alma!

Como já vos foi dito, quando apresentei meu amado Filho no templo, Simeão me anunciou que uma espada cruel atravessaria minha alma! Desde aquele instante, experimentei sempre uma grande dor; porém olhei para o Céu e disse a Deus: "Em vós confio, e nesta confiança descansei. Lembrei-me de quem confia em Deus jamais será confundido".

Oh! almas que ainda estais neste vale de lágrimas, fazei como Eu fiz. Em vossas penas, em vossas angústias, confiai em Deus e jamais vos arrependereis de uma tal confiança.

Quando a obediência vos trouxer qualquer sacrifício, fazei o que Eu fiz, confiai em Deus e a Ele entregai vossas penas, vossas apreensões, e dizendo-lhe: "Meu Deus, em vós confio e, por vosso amor, sofrerei tudo de bom grado". Ainda que vos fosse preciso dar todo o vosso sangue por causa da santa obediência, por piedade jamais deixeis de obedecer, porque lembro-vos aqui que não deveis obedecer por motivos humanos, mas, somente pelo amor daquele que por vosso amor se fez obediente até a morte de Cruz.

2ª dor de Nossa Senhora: a fuga para o Egito

Amados filhos, vou mostrar-vos minha segunda dor, quando tive de fugir para o Egito, para livrar meu rico Tesouro das mãos dos algozes que o queriam matar.

Oh! filhos amados, quão grande foi minha dor quando soube que desejavam dar a morte a meu querido Filho!

Minha alma ficou imersa na dor quando meditei que desejavam matar aquele que trazia a salvação. Não me afligi por ter de passar por provações em terras longínquas; minha dor foi por ver meu adorável filho, inocente, já desde tão tenra idade, perseguido por causa d'Ele ser o Redentor.

Oh! almas queridas, quanto não sofri neste exílio, porém tudo suportei com amor e santa alegria por Deus me fazer sofrer tanto pela causa da salvação das almas. Se fui obrigada a esse exílio, foi só por causa de guardar o amado filho! Almas queridas, quando meditava estar no exílio, sofrendo provações tantas para guardar aquele que, um dia, ia ser a chave da mansão da paz, minha alma, apesar de se achar em dor por ver que não podia dar conforto ao filho amado, alegrava-se porque dizia, ah! um dia essas penas se converterão em sorrisos e em força para as almas, porque guardando o amado filho, Ele abrirá as portas da Jerusalém Celeste a todas elas!

Amados meus, vede como no meio das maiores provações se pode exultar, quando tudo se sofre para agradar a Deus e tudo por seu amor. Eu, no meio de tantas provações, em terras estranhas, muitas vezes sem agasalho, nem pão para matar a fome, exultava por poder sofrer com Jesus, meu adorável filho!

Oh! vós que sofreis, procurai sofrer com Jesus, porque então vossos sofrimentos, ainda que amargos, farão almas exultarem de gozo, assim como a minha exultou.

Sofrer com Jesus, isto é, em sua santa amizade e tudo por seu amor, não se chama isso de sofrer senão gozar! No meio da dor sofrem os infelizes, que vivem longe de Deus... os que estão em sua inimizade, estes é que sofrem! Pobres infelizes, entregam-se ao desespero, porque não têm o conforto da amizade de Deus, que dá à alma sofredora tanta paz, tanta confiança, pois breves são os padecimentos e eternas as recompensas!

Oh! almas, que sofreis por amor de vosso Deus, exultai de alegria porque grande é vossa ventura, sendo parecidas com a Vítima Imaculada, Jesus Crucificado, que tanto sofreu por amor de vossas almas!

Exultai todos os que, como Eu, sois chamados para longe de vossa pátria para defender o Jesus. Exultai, grande será vossa recompensa, se, como Eu, ainda que com a alma em angústia, alegremente, pronunciardes o *FIAT*.

Aprendei aqui, almas todas, a não medir sacrifícios, quando se trata da glória e dos interesses de Jesus. Vede que eu não medi distâncias, nem sacrifícios. A primeira palavra de José, prontamente, e sem nenhuma relutância, segui à procura do sacrifício!

Por piedade, almas queridas, não sejais pusilânimes, porque se o fordes o prejuízo será vosso. Contra si trabalha o pusilânime, enquanto que o generoso nos sacrifícios para si armazena riqueza; portanto, avante, aprendei nessa minha segunda dor a não medir sacrifícios, quando se tratar dos interesses de Jesus, que também não mediu sacrifícios para vos abrir as portas da mansão da paz.

3ª dor de Nossa Senhora: a perda do Menino Jesus

Amados filhos do exílio, vou mostrar-vos minha terceira dor, quando perdi meu adorável filho por três dias. Que penas indizíveis e incompreensíveis a um mortal!

Oh! almas que sofreis, procurai compreender minha imensa dor, pois, à vista desta minha dor as vossas serão leves! Mães aflitas que chorais a perda de um filho amado, meditai quanto Eu sofri por três dias a perda de meu único amado Filho!

Sabia que meu adorável Filho era o Messias prometido, o qual me fora confiado pelo Deus eterno. Que contas daria então a meu Deus do tesouro que me tinha entregue? E apesar de tanta dor e de tanta aflição, nem os anjos, nem o próprio Deus me confortaram! Deixaram-me na dor por três dias e sem esperanças de encontrá-lo! Vede como os queridos de Deus são tratados! Por ser Eu sua Mãe fui a criatura que mais tortura sofreu nesse exílio, depois de Jesus!

Vede, amados meus, depois de três dias o achei no templo, no meio dos doutores, e lhe falei: "Oh! Filho, deixaste-me três dias em aflição! Eis sua resposta divina: *Eu vim ao mundo para cuidar dos interesses de meu Pai, que está no Céu*".

A essa resposta do meigo Jesus, emudeci e compreendi que sendo o Redentor do gênero humano, assim devia proceder, fazendo sua Mãe já, desde aquele instante, tomar parte em sua missão redentora, fazendo-me sofrer por tão nobre causa, a Redenção do gênero humano!

Oh! almas todas que sofreis, aprendei aqui, nesta minha grande dor, a submeter-vos à vontade de Deus, que, muitas vezes, fere-vos para vosso próprio proveito ou para proveito de um de vossos entes queridos.

Jesus me deixou por três dias em tanta angústia para proveito vosso, para hoje vos poder dizer: "Aprendei com Maria a sofrer e a preferir a vontade de Deus a vossa". Mães venturosas que chorais, ao virdes vossos filhos generosos ouvirem o chamamento divino, por piedade, aprendei comigo a sacrificar Vosso amor natural. Oh! se vossos filhos têm essa dita de serem chamados para trabalharem na vinha do Senhor, por piedade, não sejais algozes de sua tão nobre aspiração, como é a vocação religiosa. Mães e pais extremosos, ainda que vosso coração sangre de dor, deixai-os partir, deixai-os corresponder às finezas de seu Deus, que usa para com eles de tanta predileção. Felizes pais que sofreis por tão nobre causa: "Ofertai a Deus as penas da separação, para que vossos filhos, que têm a ventura de serem chamados, possam ser, na realidade, bons filhos daquele que os chamou". Oh! se assim fizerdes, fareis o que Eu fiz! Lembrai-vos que vossos filhos a Deus pertencem e não a vós.

Deus vos entregou para que os crieis para o servir e amar neste mundo, para um dia no Céu o louvarem por toda a eternidade.

Portanto cegos são aqueles que querem prender seus filhos, abalando-lhes a vocação! Os pais, que assim procedem, são algozes de seus filhos, levando-os à perdição eterna, e ainda são algozes de si próprios, por que que contas darão a Deus no último dia? Triste será a sentença desses pais!

Porém se, em vez de serem algozes, fossem anjos de suas vocações, encaminhando-os para tão nobre fim. Oh! que bela recompensa esperam esses pais afortunados! No Céu terão um lugar de honra. Ainda que chorem de saudades, ainda que a separação lhes custe muitas lágrimas, se forem todas derramadas como Eu as derramei, só por amor de Deus serão eles bem-aventurados! Os entes queridos que sois chamados por Deus, a vós também desejo falar-vos nesta minha terceira dor. Procedei como Jesus procedeu comigo; primeiramente, obedecei a vontade de Deus, que vos chamou para habitar em sua casa, onde deseja vos dizer: Quem ama seu pai e sua mãe mais do que a mim não é digno de mim, portanto, vede bem, se, por causa de um amor natural, deixais de corresponder ao chamado divino!

Não penseis que sois vós que vos oferecestes para viver na casa do Senhor. Ah! não. Quem não for chamado não ficará na casa deste Senhor, que exige tudo por amor e não por força. Portanto àqueles que não têm força de obedecer por amor não foram chamados, mas, sim, eles mesmos que se ofereceram, daí vem que eles são a cruz de seus superiores e do próprio Deus!

Oh! meninas de meus olhos, almas de eleição, as que fostes chamadas, tudo sacrificastes: as afeições, as mais caras, vossa própria vontade para servirdes a Deus!

Grande é vossa ventura, portanto, sedes generosas em tudo e louvai a Deus por terdes sido escolhidas para tão nobre fim.

Oh! vós que chorais, pais, irmãos, regozijai-vos porque vossas lágrimas, um dia, converter-se-ão em pérolas, como as minhas se converteram em favor da humanidade.

Enfim, todos os que sofreis, vinde a mim que Eu vos consolarei, porque Eu também sofri e sei consolar a todos os que choram.

4ª dor de Nossa Senhora: o encontro no Calvário

Amados filhos, vou hoje vos mostrar minha quarta dor, quando me encontrei com o divino Filho no caminho do Calvário.

Oh! todos os que chorais neste exílio, contemplai e vede se há dor semelhante a minha dor. Ver o Filho amado em tão lastimoso estado, carregado com uma pesada cruz, insultado como se Ele fosse um criminoso!

Oh! filhas minhas, qual não foi a dor de minha alma quando parei por um instante e meditei meu Filho que é Deus desta forma tratado! Ele que é o Salvador, a caridade infinita que só faz o bem, por que assim o tratam?!

Amados filhos, lembrei-me de suas Divinas Palavras, quando disse: "É preciso que o Filho de Deus seja calcado aos pés, para abrir as portas da mansão da paz!"

Oh! sempre a vontade do Altíssimo foi minha força em horas tão cruéis como esta, vendo o Filho que tanto amava em tão lastimoso estado!

Ao encontrá-lo nesta via da amargura, seus olhos divinos, amortecidos pela dor dos espinhos, fitaram-me e me fizeram compreender a dor que lhe ia na alma, por não me poder dizer palavra, porém, fizeram-me também compreender que era necessário que unisse minha dor a sua grande dor, para que essa nossa dor fosse mais tarde a força de tantas mães e de tantos filhos, que haviam de sofrer, uns com martírio do corpo, outros o martírio do coração.

Sim, uns a derramar todo o seu sangue nas mãos dos algozes e outros a sofrer o martírio do coração por ver seus filhos, irmãos ou pais sofrerem os golpes dos algozes!

Amados meus, nossa grande dor nesse encontro tem sido a força de tantos mártires e de tantas mães aflitas!

Oh! almas que temeis o sacrifício, aprendei aqui nesse encontro a submeter-vos a vontade de Deus, como Eu e meu adorável Filho nos submetemos!

Aprendei a calar-vos em vossas penas. Vede como em minha grande dor não me desabafei, a não ser com o Pai do Céu, dizendo: "Meu Deus, que vossa vontade se cumpra: dai-me força, isto é, o que preciso para aceitar esta dura Cruz, de ver o Filho que me deste tão humilhado e calcado aos pés pelos seus beneficiados!"

Em nosso silêncio, nesta dor imensa armazenamos para vos riquezas incomensuráveis! Vossos olhos não veem, mas vossas almas hão de sentir a eficácia dessa riqueza na hora em que, batidos por vossas penas, recorrerdes a mim, meditando nesse encontro dolorosíssimo. É nessas horas difíceis que podeis experimentar o valor de nosso silêncio, o qual se converte em força para vossas almas amarguradas. Oh! sim, nosso silêncio na dor há de ser a força das almas aflitas, que souberem recorrer à meditação dessa minha dor!

Amados filhos, como é precioso o silêncio nas horas de sofrimentos! Almas há que não sabem sofrer uma dor física, uma tortura de alma em silêncio; desejam contar a todos para que todos os lastimem! Como esse procedimento é diferente do nosso, pois, tudo suportamos em silêncio por amor a Deus e a vossas almas!

Almas minhas, aprendei a sofrer por amor a Deus e a vossas almas, que tanto precisam da dor e das penas para vos purificar da vaidade deste mundo corrupto!

Lembrai-vos aqui que as penas e dores vos são essencialmente necessárias para poderdes amar a Deus e progredir no caminho da virtude. Sem a dor e sem as penas correreis o risco de perder vossas almas, porque a dor humilha, e é na santa humildade que Deus edifica, e se vossa casa não for edificada por Deus, virá o vento e a lançará por terra! Sim, filhos meus, sem a humildade trabalhareis em vão, portanto vede como a dor é necessária para vossa santificação.

Aprendei a sofrer em silêncio, como Eu e Jesus sofremos nesse doloroso encontro no caminho do Calvário.

5ª dor de Nossa Senhora: a morte de Jesus

Amados filhos, vou mostrar-vos minha quinta dor, e em sua meditação encontrareis lenitivo e força para vossas almas, que ainda lutam contra mil tentações e dificuldades que é próprio dos mortais!

Nessa minha quinta dor aprendereis a serdes fortes em todos os combates de vossa vida.

Vede-me aos pés da Cruz, assistindo à ignominiosa morte de Jesus, com a alma e meu coração transpassados com a espada das mais cruéis dores! Ah! filhos amados, nesta hora seria para duvidar até da divindade do próprio Jesus, se Eu não tivesse aprendido nas Sagradas Escrituras que o Messias prometido havia de ser crucificado como um malfeitor!

Oh! não vos escandalizeis com o que fizeram os judeus! Os judeus diziam: "Se Ele fosse Deus, como anunciava, por que não desce da Cruz e se livra a si próprio?!" Pobres judeus, ignorantes uns, de má-fé outros, não quiseram crer que Ele era o Messias, porque se não o fosse, não se deixaria matar! Pobres e infelizes, cheios de orgulho, não podiam compreender que um Deus se humilhasse tanto; não sabiam que sua divina doutrina pregava a humildade e que só aos humildes será dada a entrada ao Paraíso; portanto se essa era sua doutrina, Jesus precisava dar o exemplo, porque sem seu exemplo seus filhos não teriam força de praticar uma virtude, que tanto custa aos filhos deste mundo, que nas próprias veias têm por herança o orgulho.

Por isso os pobres judeus, que estavam cheios de orgulho, não podendo compreender a Jesus, diziam que Ele era um louco, pregava essa encantadora doutrina, a humildade, que de homens faz anjos!

Oh! não, eles não compreenderam, porque em seus corações criara raízes esse terrível mal – o orgulho, e por esse motivo morreram em seu pecado! Infelizes os que, à imitação dos que crucificaram a Jesus, ainda hoje não sabem se humilhar!

Depois de três horas de tormentosa agonia, meu adorável Filho morre, deixando-me a alma na mais negra escuridão! Sem duvidar um só instante, pronunciei o *Fiat* da resignação, e em meu silêncio doloroso, entreguei ao Pai minha acerba dor, pedindo, como Jesus, perdão pelos criminosos, que acabavam de dar a morte ao Filho de minhas castas entranhas!

Entretanto quem me confortou nesta hora angustiosa? A vontade de Deus foi o meu conforto; o Céu aberto para todos os filhos foi meu lenitivo! A caridade de Jesus foi também minha força, lembrando-me dos doentes que tinha sarado, das almas que tinha consolado.

Oh! como é bela a caridade, como ela conforta quando, nas horas de dor, lembramo-nos que sofremos por havermos praticado o bem.

Jesus morreu na Cruz somente por ter feito o bem! Oh! que força isso deu a minha alma em trevas, porque Eu também, no Calvário, fui provada com o abandono de toda consolação!

Como já vos disse, minha força foi a vontade de Deus, que se achava impressa em meu coração e que sempre foi o móvel de todas as minhas ações!

O lenitivo para meu coração despedaçado foi, como já vos disse, a lembrança do quanto Jesus tinha feito de bom neste vale de lágrimas!

Amados filhos, quão bom é sofrer, mormente união com os sofrimentos de Jesus; mais ainda, quão bom é sofrer por ter feito o bem neste mundo, não desejando outra recompensa, a não ser desprezos e humilhações como Eu e Jesus sofremos. Tanto sofremos e a tanta humilhação os homens nos sujeitaram, somente porque Jesus sempre perdoou, consolou os tristes, ressuscitou os mortos, somente porque em seu Coração e em sua alma estavam impressas estas palavras: "Eternamente vos amei e sempre perdoarei!"

Desejais sofrer por tão nobre causa, porque em vosso coração estão escritas estas palavras: "Amo meu Deus de todo o coração e por esse amor aborreço tudo o que for falta voluntária; amo a humilhação e detesto todas as vaidades deste mundo!"

Oh! filhos amados, que glória um dia para vossas almas, se, por serdes bons cumpridores de vosso sagrado dever de amar a Deus com todo o vosso coração, fordes perseguidos!

Amadíssimos filhos, aprendei a meditar muitas vezes nesta minha dor, que vos dará força para serdes humildes, virtude amada de Deus e dos homens de boa vontade.

6ª dor de Nossa Senhora: a descida da cruz

Amados filhos, vou hoje vos mostrar minha sexta dor, quando na Cruz vi uma lança atravessar o Coração Santíssimo de meu adorável Filho. Depois o depositaram em meus braços, não cândido e belo como em Belém... ah! não!

Tive de o receber morto e todo chagado, parecendo-me mais um leproso do que aquele adorável e encantador menino, o qual tantas vezes o tinha apertado contra meu coração!

Vede se há dor semelhante a esta dor?!

Com minha alma imersa na mais profunda dor, vi Longuinho atravessar o peito sagrado do Filho, que tanto amava, e sem poder dizer uma palavra! Os martírios de meu coração e de minha alma fizeram-me derramar copiosas Lágrimas, por ver tanta ignomínia e tanta perfídia contra a Bondade infinita!

Quem poderá medir o martírio desta hora? Não há criatura capaz de compreender o que então sofri! Só Deus pode compreender o martírio, que nesta hora me ia à alma e ao coração!

Amados filhos, se Eu tanto sofri, não serei capaz de compreender vossos sofrimentos? Ah! Certamente, que sim. Por que, então, em vez de recorrerdes a mim com mais confiança, esquecidos de mim, andais atrás só de quem tem menos valor do que Eu diante do Altíssimo?!

Oh! filhos meus, porque muito sofri, muito me foi dado! Vede como é precioso o sofrimento! Se Eu não tivesse sofrido tanto, digo-vos que em verdade não teria os tesouros do Paraíso em minhas mãos.

Esta imensa dor, por ver transpassar o Coração de Jesus por uma lança, conferiu-me o poder de introduzir a todos que a mim recorrerem neste amável Coração. Ah! e se tanto não houvesse sofrido, não poderia hoje vos dizer esta consoladora palavra: "Vinde a mim, porque Eu posso vos introduzir no Coração Santíssimo de Jesus Crucificado!"

Vede que consoladora palavra! Porém, para isso, foi preciso que Eu tanto sofresse ao pé da Cruz!

Vede como o sofrimento é sempre um bem para a alma. Oh! almas que sofreis, regozijai-vos comigo, Eu que fui a segunda mártir do Calvário! Minha alma e meu coração participaram das penas do Salvador, conforme a vontade do Altíssimo, para reparar o que a primeira mulher tinha feito! Jesus foi o novo Adão, e Eu a nova Eva, livrando assim a humanidade do cativeiro no qual se achava presa.

Filhos meus, bendizei minhas penas, porque elas armazenaram para vossas almas riquezas incomensuráveis.

Posso vos dizer agora, sou vossa Mãe, porque me custastes muitas penas...

Sou vossa Mãe, porque, sofrendo por vós, posso-vos introduzir no Coração de Jesus, morada de amor e de eterna felicidade!

Como sois bem-aventurados, filhos meus, por terdes uma Mãe, que vos possa introduzir no Coração Santíssimo de Jesus Crucificado!

Para corresponderdes, porém, a tanto amor, sede muito confiante em mim, não vos afligindo nas contrariedades de vossa vida; ao contrário, confiai-me todos os vossos receios, temores e todas as vossas penas, porque Eu sou vossa Mãe, e como tal sei consolar os aflitos, sei dar em abundância os tesouros do Coração Santíssimo de Jesus Crucificado, que a todos deseja beneficiar! Portanto todos vós que chorais, não mais vos aflijais, porque não sois órfãos, tendes uma Mãe que sabe ser Mãe!

Não vos esqueçais, Filhos meus, de meditardes nesta minha imensa dor, quando estiverdes sem força para carregar vossa cruz. Em verdade, declaro-vos que se nela meditardes, achareis força para tudo sofrer por amor daquele que, por vosso amor, sofreu em uma dura Cruz a mais ignominiosa das mortes.

7ª dor de Nossa Senhora: o sepultamento

Amados filhos, vou mostrar-vos minha sétima dor, quando tive de deixar sepultado meu adorável Filho.

A quanta humilhação meu adorável Filho se sujeitou, deixando-se sepultar, sendo Ele o mesmo Deus!

Minha alma, imersa em dor profunda, contemplava naquele momento lúgubre a mais humilhante cena que pode existir para um Deus!

Vede até que ponto chegou a humildade de Jesus, submetendo-se à própria sepultura, embora para depois glorioso ressuscitar dentre os mortos!

Sim, depois de ter-se humilhado ao extremo, ensinando às almas, com seu exemplo, o caminho seguro da santa humildade; eis que não se poupou a Si, nem tão pouco a mim, para vos ensinar esta vereda de humildade pela qual se sobe ao Paraíso.

Bem sabia Jesus, quanto Eu ia sofrer vendo-o sepultado; porém não me poupou, quis que Eu também fosse participante em sua infinita humilhação! Oh! almas que temeis a humilhação, vede até que ponto chegou a humilhação de vosso Deus e a de sua Mãe! Sim, nós a tanto nos humilhamos, porque esse é o caminho seguro que conduz à Pátria. Enquanto o caminho das honras e dos prazeres conduz ao inferno, o caminho da santa humildade conduz à morada de Deus. Vede como Deus amou a humilhação, vede-o no sepulcro dos santos Tabernáculos até o fim do mundo a esconder sua majestade e seu esplendor!

Na verdade, o que vedes nestes sepulcros? Apenas uma Hóstia Branca e nada mais! Sim, Ele aí esconde seus fulgores debaixo desta lousa branca, as espécies de pão!

Oh! maravilha! Oh! sublimidade encantadora da santa humildade, que tanto eleva o coração do homem!

Em verdade vos digo que se Jesus a tanto não se humilhasse até o fim dos séculos, não o admiraríeis tanto!

Vede como a humildade não rebaixa o homem, pois Deus se humilhou até a sepultura e não deixou de ser Deus; ao contrário, deu a seu Coração um novo título "Bom". Sim, foi sua bondade em favor dos homens que o fez assim se humilhar, para mostrar-nos com seu exemplo o caminho seguro de nossa salvação eterna!

Oh! benditas humilhações de Jesus! Oh! benditas horas em que Eu, vossa Mãe, ao lado do Filho amado, pude contemplar o quanto Ele vos amava, porque muito se humilhou!

Amados filhos, amor com amor se paga. Se quereis corresponder às finezas de Jesus, mostrai-lhe que o amais, não com os lábios; mas, sim, desejando serdes humilhados por seu amor, como Ele e Eu o fomos por vosso amor! É nas humilhações que mostrareis a Jesus vosso amor.

Se desejardes as humilhações, realmente, amais a Deus, mas se com elas vos entristecerdes, em verdade estais ainda muito fracos no amor de Jesus.

Por minhas penas vos suplico, desejai a humilhação, porque esta vos purifica de toda e qualquer imperfeição, e, desprendendo-vos deste mundo, vos faz desejar o Paraíso.

Vede o que me aconteceu depois que meu adorável Filho subiu ao Céu. Suspirava por este mesmo Céu, onde o pudesse ver sem véus, ele o mesmo Deus, até que, um dia, meu coração, não podendo mais conter o amor que nele se achava, voou para o Paraíso, porque a Terra era muito diminuta para conter o amor de meu coração!

Amados filhos, mostrei-vos minhas Dores não para queixar-me; mas somente para mostrar-vos nelas as virtudes que deveis praticar, para um dia, a meu lado e ao lado de Jesus, gozardes para sempre dessa glória imortal, recompensa das almas generosas, que, neste mundo a minha imitação, souberam morrer para si, vivendo só para Deus!

Vossa Mãe, que vos abençoa e vos convida a muitas vezes meditardes nestas palavras ditadas somente porque vos amo.

Parte VI

ORAÇÕES COMPOSTAS POR IRMÃ AMÁLIA

1. Cantar eu quero, oh! Maria, as tuas glórias[22]

Oh! Virgem, Mãe do belo amor, cantar eu quero cada dia as tuas glórias até morrer e, depois de minha morte, voltar a terra quero ainda, oh! Mãe querida, para dizer a todos que vos sois Mãe, Mãe carinhosa, Mãe amável, Mãe compassiva, que a todos acolheis sem exceção; e que a vossos servos dais, já neste mundo, parcelas do Paraíso.

Sim, Oh! Mãe querida, eu bem o sei, como a vossos servos beneficiais. Oh! que Mãe tão amável. Oh! pecadores, recorrei a esta Mãe! Olhai como em suas mãos estão os tesouros do Coração de seu amado Filho Jesus! Vinde depressa, vós que vos achais na dor, recorrei a Maria, que ela saber-vos-á curar. Vinde sem demora que ela está ansiosa por vos beneficiar. Oh! Maria, Mãe querida, se os homens vos conhecessem!...

Deixai vossa pobre filha cantar vossas glórias. Deixai-me falar aos pecadores que a vós recorram, porque vos, ansiosa, esperai-os para lhes mostrar o Coração aberto de vosso amado Filho, Jesus. Vós sabeis, Oh! Maria, publicar o quanto é bom amar e sofrer pelo bem-amado Jesus!

---

[22] 16.7.1930.

Oh! quem me dera, Mãe querida, que todos os justos e pecadores pudessem me ouvir! Dizer-lhes quero que sois Mãe compassiva, que sabeis amenizar a dor, que sabeis mostrar o quanto Jesus é bom! Mas, oh! Maria, vossa filha, tão ignorante e obscura, nada pode fazer. Fica meu desejo aqui a vossos pés.

Sim, porque sou tão pequenina, devo contentar-me com o desejo que tenho de fazer-vos conhecida!

Quando no Céu estiver, Maria, hei de voltar; sim, hei de voltar a Terra e aos corações empedernidos, lhes hei de segredar: *Vinde a Maria, vinde a Maria, que ela é a escada que conduz a Jesus!*

Sim, isso hei de fazer; não é presunção, porque eu sei que nada posso, mas, confiada em vós, vossas glórias hei de cantar!

Vossa filha pequenina!

2. A Maria, nossa Mãe

Somos vossas filhas, oh! Maria, por isso, com prazer, nós vos chamamos Mãe, nossa Mãe.

Dai-nos, oh! Mãe querida, vossas Lágrimas benditas como orvalho preciosíssimo, para vos entregarmos nossos corações, as quais ofertareis a Jesus, vosso Divino Filho, que por nós morreu em dura Cruz.

Oh! Mãe bendita, Senhora das Lágrimas, vossas filhas, com amor, vos saúdam; neste dia, dai-nos vosso amor para podermos amar a Jesus.

Virgem Santa, lírio de pureza, dai-nos vossa bênção e alegres cantaremos vossas mercês.

Somos vossas filhas, com amor vos suplicamos, levai-nos a Jesus, que é todo amor e Misericórdia.

Cantemos todas com alegria, Maria é nossa Mãe, que é todo amor.

Cantemos todas à porfia: *Maria é nossa Mãe.*

3. Oferta das Lágrimas de Maria a Jesus Sacramento para a santificação dos Ministros do Senhor![23]

Dulcíssimo Jesus, presente nesta Hóstia Santa, desejoso como estais da santificação de vossos queridos ministros, vos ofertamos as Lágrimas de vossa Mãe bendita, derramadas quando a Voz do Eterno Pai lhe pediu o grande sacrifício da separação de seus queridos pais.

Grande foi sua generosidade em deixá-los em idade avançada; mas fiel ao chamamento divino, tudo sacrificou. Sim, oh! Jesus, este sacrifício, as Lágrimas desta hora bendita vos ofertamos para que os que têm a ventura de serem por vos chamados para vossos ministros, generosamente, deixem tudo, ainda que com lágrimas nos olhos.

Dulcíssimo Jesus Sacramentado, as Lágrimas de Maria vos ofertamos derramadas no templo, quando suas companheiras, vendo seu santo procedimento, cheias de inveja, levantaram-lhe calúnias, indispondo, assim, as mestras contra a cândida Maria, que soube chorar em silêncio e pronunciar o *Fiat* da resignação, dizendo a seu Deus: *Mais, Meu Deus, mais humilhações!* Sim, essas Lágrimas benditas vos ofertamos pelos seminaristas, para que saibam receber as repreensões de seus professores e, muitas vezes, até as invejas de seus companheiros. Sim, oh! Jesus, fazei que, por estas Lágrimas benditas, saibam eles desejar, como Maria, as calúnias, as humilhações, para se prepararem para a sublime missão a que são chamados!

Dulcíssimo Jesus, vos ofertamos as Lágrimas de Maria, derramadas, quando, apresentando-vos no templo, ouviu Simeão profetizar que uma espada de dor ia atravessar seu coração! Estas Lágrimas, vertidas em silêncio, vos oferecemos para que vossos ministros sejam obedientíssimos a seus legítimos Pastores.

---

[23] 7.2.1931.

Dulcíssimo Jesus Sacramentado, as Lágrimas de Maria, derramadas quando vos apresentou para serdes circuncidado, vos ofertamos, por vossos queridos ministros, para que, generosamente, saibam se sacrificar por vosso amor, como Vós sacrificastes por seu amor.

Dulcíssimo Jesus Sacramentado, vos ofertamos as Lágrimas de Maria, derramadas, quando São José, obediente à luz do Céu, disse-lhe: *Partamos para o Egito, para salvar nosso tesouro.* As Lágrimas, nessa hora, por ver que queriam matar seu ditoso Filho, derramadas vos oferecemos para que vossos caros ministros saibam fugir das ocasiões do pecado. Sim, oh! Deus de amor, essas Lágrimas benditas hão de dar forças a estes vossos filhos, que são a menina de vossos olhos.

Dulcíssimo Jesus Sacramentado, vos ofertamos Lágrimas de vossa Mãe bendita, derramadas, quando ao chegar ao exílio, não tinha pão para matar vossa fome. Sim, oh! Deus de amor, essas Lágrimas então derramadas, vos entregamos por vossos caros ministros, que não sabem mortificar seus apetites, dando assim expansão à tentação da gula.

Dulcíssimo Jesus Sacramentado, por vossos caros ministros vos ofertamos as Lágrimas de Maria, derramadas em silêncio, quando, obedecendo ao Pai, por muitos dias estivestes longe dela pregando a divina doutrina. Sim. oh! Jesus, essas Lágrimas derramadas não por pusilanimidade, mas por se ver longe de Vós, vos oferecemos por estes entes queridos, para que saibam sacrificar-se, generosamente, pela salvação das almas.

Dulcíssimo Jesus Sacramentado, vos ofertamos as Lágrimas de Maria derramadas, quando vos encontrou no caminho do Calvário, carregando pesada Cruz às costas, para que vossos queridos ministros saibam, com generosidade, abraçar alegremente as cruzes de cada dia, que o sagrado ministério lhes impõe. Sim, oh! Deus de amor, que eles saibam, a vossa imitação, sacrificar-se por suas almas. As Lágrimas de vossa querida Mãe serão suas forças nas horas difíceis, em que o mundo, com suas maldades, se levantar contra eles, caluniando-os injustamente.

Dulcíssimo Jesus Sacramentado, vos ofertamos as Lágrimas de Maria derramadas quando vos viu pregado na Cruz, para que vossos queridos ministros saibam morrer para o mundo, com todos os seus convites, ainda que lícitos a um mortal.

Oh! Deus de amor, essas Lágrimas benditas, derramadas em hora tão cruel, sejam o estímulo e a força de vossos caros ministros, que ainda não morreram para o mundo. Oh! que dor eles vos causam! Sim, Jesus, as Lágrimas preciosas dessa hora bendita vos ofertamos, para que de hoje em diante jamais um deles vos ofenda com uma falta voluntária. Oh! não, Jesus, eles com a meditação desse drama sanguinolento do Calvário, à vista de uma Mãe Dolorosa, terão a coragem de não ceder aos convites do mundo enganador.

Dulcíssimo Jesus Sacramentado, vos ofertamos as Lágrimas da desolada Virgem Maria, derramadas em sua soledade, para que vossos queridos ministros sejam amantes da Divina Eucaristia e exemplo vivo das almas a eles entregues pela confiança, que neles depositastes. Sim, Jesus, as Lágrimas derramadas por Maria, em hora tão angustiosa, sejam o estímulo de tantos ministros que, às vezes, se esquecem de fazer a sua morada aos pés de vosso altar! Oh! Lágrimas benditas, sede a força destes filhos mimosos, que escolhestes para darem exemplos de virtude e de santidade.

Fazei. oh! Deus de amor, pelas Lágrimas de vossa Santíssima Mãe, que nenhum destes se perca, que todos eles sirvam de farol à humanidade decaída.

E vós, oh! Virgem Maria, que por nós chorastes Lágrimas tão preciosas, fazei que os ministros do Senhor sejam todos exemplos de virtude, conduzindo, assim, as almas a Jesus. De vós, oh! Mãe querida, esperamos tal mercê. Sede, finalmente, nossa guia, para que, um dia, juntamente convosco, possamos exaltar vossas Lágrimas benditas.

Louvor e honra para sempre sejam dadas à Augustíssima e Santíssima Trindade. Amém.

4. Orações usadas pelas(os) escravas(os) de Maria

4.1. Fórmula para o voto heroico em favor dos agonizantes

Dulcíssimo Jesus Crucificado, que de vossa santíssima boca deixastes sair esta comovedora súplica – "Tenho sede" – meditando profundamente nesta vossa sede, senti a necessidade de proporcionar-vos um refrigério para vossos lábios ressequidos.

Por isso, apesar de minha nulidade, pelas mãos puríssimas de Maria e em união com os merecimentos desta bendita Mãe, depois de purificar em vosso Sangue divino quanto possa de meritório neste exílio e quanto me derem, tudo isso eu vos entrego em favor dos pobres pecadores em sua última hora.

Recebei-a, clementíssimo Jesus, minha pobre esmola e dai-me vós vossos merecimentos para a salvação de minha alma, que, de hoje em diante, vos a entrego, pelas mãos de Maria!

Meu Jesus Crucificado, pelas Lágrimas de vossa terna Mãe, salvai os pobres pecadores em sua última hora, tocando-os com vossa Misericórdia. Fazei com que eu seja missionária daqueles que agonizam para que nenhum deles se perca.

Aceitai minhas pobres esmolas por todos eles, sem exceção, o que de coração vos suplico pelo amor que consagrais a vossa Mãe Santíssima. Assim seja.

4.2. Oração pelo clero

Deixai, oh! Jesus, que em vosso Coração Eucarístico, deposite nossas mais ardentes preces por nosso clero.

Multiplicai as vocações sacerdotais em nossa pátria; atrai a vosso altar os filhos de nosso Brasil; chamai-os com insistência para vosso ministério.

Conservai, na perfeita fidelidade, a vosso serviço aqueles a quem já chamastes para tão alta dignidade; afervorai-os, purificai-os, santificai-os, não permitindo que se afastem do espírito de vossa Igreja.

Não consintais, oh! Jesus, nós vos suplicamos, que debaixo do Céu brasileiro, sejam, por mãos indignas, profanados vossos mistérios de amor.

Também vos pedimos com instância: "Deixai que a Misericórdia de vosso Coração vença vossa Justiça divina em favor daqueles que recusaram a honra da vocação sacerdotal, ou desertaram das fileiras sagradas!"

Que nossos sacerdotes, por sua ciência, sejam verdadeira luz para nossas almas, e que por seu zelo sejam sal vivo para nossos corações sequiosos de virtude.

Atendei, oh! Jesus, a esta insistente oração que fazemos em favor do clero, apresentando para isso o valor das benditas Lágrimas de Maria Santíssima, Mãe dos sacerdotes.

Oh! Maria, a vosso Coração confiamos nosso clero; guiai-o, protegei-o, salvai-o para honra de vosso divino Filho e proveito das almas regeneradas por seu precioso sangue.

4.3. Oferecimento diário das(os) Escravas(os) de Maria

Lembrai-vos, oh! Mãe querida, que sou vossa(o) escrava(o). Escrava(o) que só aspira dar-vos prazer e contentar o vosso magnânimo coração.

Renovando nesta hora o meu oferecimento de escrava(o), quero lembrar-me o dever que tenho de vos ser fiel até a morte!

ÍNDICE

A ORGANIZADORA

Rita Elisa Sêda é genealogista, pesquisadora, fotógrafa, arqueóloga, cronista, romancista e contista.

Sua mãe, Rita Seda Pinto, em 1953, em Santa Rita do Sapucaí, MG, recebia e acompanhava as missionárias de Jesus Crucificado para novas adesões à revista "A Missionária". Desde essa época ela tornou-se amiga das missionárias e conheceu a devoção às Lágrimas de Nossa Senhora e a vida da Irmã Amália de Jesus Flagelado, passou para os filhos esses ensinamentos.

Rita Elisa há 40 anos é devota de Nossa Senhora das Lágrimas; possui Coroa, estampas grandes e pequenas de Nossa Senhora das Lágrimas e Jesus Manietado; medalhas grandes, médias e pequenas, todas da década de 1930, e que sempre estão em destaque no lugar de oração, em sua residência. Em seu acervo particular constam: livros, originais, cartas e registros fotográficos correspondentes à Irmã Amália. Rita Elisa, sua irmã Letícia e a amiga-irmã Sílvia fundaram o "Exército das Lágrimas de Nossa Senhora" nas redes sociais e pelo blog https://nossasenhoradaslagrimasirmaamalia.blogspot.com/ Nele há publicações de centenas de testemunhos de graças recebidas através da devoção às Lágrimas de Nossa Senhora e com a intercessão da Irmã Amália. Acesse e conheça.

Rita Elisa é membro-fundadora da Academia Valeparaibana de Letras e Artes – AVLA, pertence à Confederação Brasileira de Letras e Artes – CONBLA; ao Instituto Histórico, Geográfico e Genealógico do Grande ABC – IHGG. Recebeu o prêmio Carlos Drummond de Andrade, Revelação Literária do Ano, Itabira, MG. Embaixadora da Paz pela ordem da Coroa dos Arameus e dos Auranitas. Comendadora oficial pelo Estado de São Paulo com a Medalha Leão de Judá; Medalha Monteiro Lobato, Taubaté, SP. Possui diversos livros no mercado livreiro, dentre eles as biografias: "Cora Coralina. Raízes de Aninha" (que inspirou o filme "Cora Coralina. Todas as Vidas", ganhador de quatro grandes prêmios brasileiros); "Nhá Chica a Mãe dos Pobres" (documentário pela Canção Nova); "Franz de Castro Holzwarth – o apóstolo da Misericórdia"; "Viver na Alegria do Senhor – Dom Raymundo Cardeal Damasceno Assis".